Profundizando

(Una herramienta sencilla para el estudio bíblico y su comprensión)

Edwin A. Maurás Nieves

Profundizando
(Una herramienta sencilla para el estudio bíblico y su
comprensión)
Portada: Viviana Rodríguez Larregoity
2020, Edwin A. Maurás Nieves
Correo electrónico: emaurasnieves@gmail.com
Facebook: Profundizando

ISBN: 978579536037
IMPRINT: Independently Published

.

-Indice-

-Prólogos-

¡Te amamos, tu pastores Doris y Jimmy Ferrer! (Mamá y Papá)

Tengo el enorme placer de llevarme cada una de las páginas de este libro a mi corazón y ver en él, el apoyo de Dios y de su Espíritu Santo, con tanta dedicación y sencillez. Leer cada uno de los temas mencionados nos llevará a una experiencia divina, estará lleno de conocimiento y sabiduría que nos ayudará a entender y comprender la gran responsabilidad que tenemos en interpretar las Escrituras entre otros temas sobre la importancia de la educación. **Conozco a su autor, el apasionado por Jesús le llamo.** Desde sus comienzos en este caminar, en los estudios bíblicos quedaba asombrado y siempre buscaba más. Por esto, en cada uno de los temas mencionados les prometo que nos llevará amar más su palabra. ¡Te invito a que seas parte de esta bendición! Gracias Edwin A. Maurás Nieves por dejarte guiar por Dios, por lo cual deseo que este libro llegue a tantas vidas y sean parte de este viaje espiritual llamado:

Profundizando

¡Te amamos, tus pastores Doris y Jimmy Ferrer!

(Mamá y Papá)

El autor de este libro es el resultado de la petición que yo, María Elena Nieves Cruz, madre del mismo, hice para el año 1999 cuando tenía sus diez añitos de edad. Lo presenté al Señor, en una iglesia de cupey y hablando con el Señor le dije: *"Señor he aquí mi hijo Edwin Antonio Maurás Nieves, dale luz en sus caminos y yo te serviré, cuídale sus pasos, cuídalo de toda maldad y de todo peligro, dale salud y abundancia, amen."* Aproximadamente a la edad de 18 a 19 años mi hijo me dice "Madre, (como siempre me dice), acepté al Señor y yo grité de alegría y me arrodillé llorando, mire al cielo y lo único que salía de mi boca era, "¡gracias Señor, gracias Señor!". Y cada día he observado a mi hijo crecer espiritualmente en cada iglesia que predicaba la palabra en **profundidad**, cargada de aprendizaje para otros hermanos en la fe y hasta de los mismo pastores, que aprendían y aprenden de él. Y un día mi hijo Edwin, al ver la foto cuando yo lo presente al Señor me dice; "madre mira bien esa foto, mira al fondo en la pared de donde estamos en la iglesia de cupey en aquel año 1999. Decía: Yo y mi casa serviremos a Jehová (Josué 24:15) y lloré porque fue lo mismo que dije cuando presenté al autor de este libro"

Dios habla y tiene un propósito, ese es mi testimonio y mi tesoro que lo he vivido, lo digo con mucho orgullo y con mucha fe. Así que en **Profundizando** todo lo que Dios ha dado, cada palabra tiene su propósito para aprender y crecer como ser humano y como hijo de Dios. Le reto a que lean este libro, que aprenderán lo que el autor le dice a través de la profundidad de la palabra de Dios.

¡Dios les bendiga!

María Elena Nieves Cruz

(Madre del Autor)

¿Qué es Profundizando?

Se define como examinar detenidamente una cosa para llegar a lo más profundo o a su PERFECTO CONOCIMIENTO. Cuando profundizamos en nuestra relación con Dios nos damos cuenta de que por años hemos tenido malas interpretaciones del texto y caemos en errores de interpretación. Me honra ser parte de esta bendición que estás próximo a leer. Profundizando te lleva a ser confrontado, te inspira a seguir buscando más, te lleva a no quedarte solo con lo que escuchas sino que te motiva a indagar. Es un orgullo poder ver como el Señor ha guiado y dirigido al autor de este libro de esta forma. Edwin A. Maurás Nieves mi hermano mayor, ha sido de bendición a muchas vidas impartiendo un verdadero conocimiento de la palabra del Señor. Nos honra, nos bendice, nos enorgullece ver realizado su sueño de escribir un libro para enseñar. Como siempre dices hay que aprender para enseñar. Y con este libro no solo aprendemos, sino que nos toca a nosotros enseñar a otros. Sumérgete en esta aventura espiritual que será transformadora en tu vida, atrévete a seguir profundizando en su Palabra.

Jessica Maurás Nieves

(Hermana)

Un autor enamorado de Jesús, así es como describo a Edwin, mi hermano. Al cual tuve la dicha de conocer en un momento muy importante en mi vida para intensificar y aprender a apasionarme por el rol que Dios me encomendó, es decir, la educación. Entre una de sus cualidades más resaltantes es el compromiso con descubrir e interpretar de manera sana, el espíritu que se encuentra detrás del texto sagrado, dos características que encontraremos en esta travesía de aventurarnos por las páginas de este libro. Recalco que cada tema pretende abrir la mente del lector, alejar los prejuicios o estereotipos y paradigmas actuales, para entender el mundo antiguo de las escrituras en su contexto. Gracias gran amigo, educador, esposo, leal, gracias por cumplir con tu llamado y por dejarte usar en este libro. Será de gran bendición a todos los que puedan leer cada página.

Jean Keiber Campos

(Hermano en la fe y gran amigo)

Desde que conocí al hermano Edwin, pude identificar su pasión por escudriñar las escrituras, y un deseo por conocer a profundidad las verdades del texto sagrado. En los últimos años, se a destacado desde la plataforma de la pedagogía, pero hoy mi corazón se llena de satisfacción porque puedo ver uno de sus sueños cumplidos, poder plasmar en un libro, todos esos grandes tesoros que ha podido extraer de la Palabra de Dios. Con esta propuesta somos desafiados a salir de nuestra zona de conformidad y atrevernos a vivir **Profundizando**.

Omar Algarín

(Gran hermano en la fe y amigo)

No quería hablar sólo del libro, sino en quién eres. Cuando te recuerdo lo hago sin esfuerzos. Definitivamente tengo que decir que eres el hombre más enfocado que he visto. Cuánto has crecido en ser objetivo en lo que deseas. Gracias por mostrarme esa disciplina. Querido lector lo que leerás a continuación está repleto de TIEMPOS. Tiempos que se dividen en esfuerzos, amaneceres, preguntas, búsquedas, a veces frustraciones, pero finalmente en satisfacción. Te invito a examinar en detalle el desarrollo de esta hermosa reflexión aguda (LA BIBLIA). Encontrarás ciertos asuntos que a veces nos resultan controversiales en nuestro tiempo, pero que son pertinentes para ser una iglesia relevante. Para llegar a un conocimiento saludable en cada letra te encontrarás con el sentir más cercano u original de JESÚS.

¡Por qué **PROFUNDIZANDO** fue creado con el objetivo de que ames la palabra de Dios, pero sobre todo al autor de cada dicho y hecho; **JESÚS!**

¡Disfrútalo con la misma pasión que mi esposo, Edwin Maurás Nieves!

Glorimar Fuentes García

Tu anillo (esposa)

-Introducción-

El propósito de este libro es poder tener una <u>respuesta</u> ante un mundo lleno de desafíos diarios. Saber que la Biblia puede tener una respuesta, puedo llamar tu atención y de esta forma persuadir con las mejores intensiones para que encontremos en ella una forma de cómo responder a esos desafíos. Temas muy importantes como <u>la historia de la liberación de la mujer</u>, <u>una interpretación saludable</u>, <u>crisis sociales</u>, <u>formas de cómo interpretar sabiamente las Escrituras</u>, son los que podemos encontrar en este libro de forma sencilla y precisa, pero para esto debo invitarte a **profundizar**. Cuando se habla de profundizar, se refiere a <u>analizar algo con detalle</u>, donde se deberá ir más allá. Otros términos o sinónimos son, <u>indagar</u>, <u>ahondar</u> o <u>cavar</u>. En un mundo tan superficial es necesario tener líderes que profundicen, que investiguen, ya que hoy todo se quiere sin pasar trabajo. Nos acostumbramos a cosas, a enseñanzas, y pensamos que siempre estuvimos bien en cuanto a nuestra forma de ver esas cosas, pero cuando nos presentan otra forma, presentamos defensa, tratando de defender un paradigma que debe ser innovado, cambiado o reformado. Adicional a esto, varios capítulos tendrán una serie de complicaciones bíblicas, que probablemente se parecerán a nuestros problemas diarios, que también encontrarán en ellos una respuesta para salir o manejar las crisis.

La Biblia desde que se imprime en el año 1455 con solo 42 líneas de una traducción al latín por el primer inventor de una impresora de carácter móvil, ha sido un libro que ha marcado a miles para bien. Otros podrían decir lo contrario pero mi experiencia de fe y la de muchos amigos que conozco demuestra que la Biblia no quiere hacerle daño a nadie, más bien quiere colaborar a un bien común. **Pero para esto se debe estudiar la Biblia de una forma sistemática, histórica, cultural y sin prejuicios para poder usarla de la manera correcta, dándole una interpretación saludable para nuestro tiempo.** Este es mi enfoque en este libro, poder con cada historia Bíblica, conectar contigo, con tus dilemas de vida, con tus problemas, crisis, aflicciones entre otros, para que ésta pueda darte una respuesta cada día. Antes de esos capitulos estaré compartiendo ciertas herramientas de gran importancia para poder entender y comprender las Escrituras.

Acompáñame a **Profundizando**

I. Interpretar las Escrituras con responsabilidad

"Si tuviera únicamente tres años para servir al Señor, ocuparía los dos primeros para el estudio"

Dr. Charles Barnhouse

"Esfuézate por presentarte a Dios aprobado, como obrero que no tiene de qué avergonzarse y que interpreta rectamente la palabra de verdad"

2 Timoteo 2: 15 (NVI)

Antes de una predicación o enseñanza, algo muy necesario antes de ello, es cómo interpretar las Escrituras de manera responsable sin faltarle el respeto al texto. Para esto debemos hablar de varias cosas:

1. *Contexto*
2. *Exégesis*
3. *Hermenéutica*
4. *Educación Cristiana*

Comencemos con el <u>contexto</u>

Estas dos imágenes nos muestran el gran error que frecuentemente se hace a la hora de predicar o enseñar la Biblia. Tomamos pasajes o textos que pertenecen a un momento particular y específico, donde en nuestra retórica usamos incorrectamente, porque queremos transportar a nuestros tiempo textos que no aplican. Es por eso que el tema de contexto es tan importante para poder entender lo que el autor quiso transmitir. Si olvidamos el contexto en nuestro estudio de la Biblia, lamentablemente estaremos dando nuestras opiniones y no lo que el texto quiere a bien enseñarnos. A modo de ejemplo quisiera comenzar con una ilustración verídica de lo que podría suceder si olvidamos el contexto. En el libro de José Valentín, nos enseña cómo una expresión puede tener interpretaciones distintas si no conocemos el contexto. Una carta se encuentra con la expresión *"la maestra me sacó por el techo"* y cualquiera puede llegar a varias conclusiones:

1. La maestra me enojó por algo que hizo
2. Literalmente me sacó por el techo de la escuela porque así nos castigaba
3. Al parecer la escuela se incendió y la maestra sacó a los estudiantes por el techo para salvarles la vida.
4. Los sacaba por el techo exponiéndolos al sol, a la lluvia, y sabrá Dios a que más.

Lo cierto es que si no conocemos el *contexto* no sabremos la verdad de las cosas. Lo mismo sucede cuando tomamos un versículo y queremos darle una interpretación que no tiene. Cuando contamos con el contexto se toma en cuenta el ambiente o entorno. Otros definen la palabra contexto como el factor determinante para comprender el significado de un texto o enunciado. Para esto, yo considero que cuando se lee un texto debe leerse el antes y el después del mismo. La Biblia no fue escrita en versículos, más bien fueron cartas y mensajes que para entender una porción se debe leer la carta o el escrito completo. De esta forma podremos comprender la mayoría de los textos que leemos. Si queremos entender la Biblia uno de esos recursos que podemos usar, es el contexto. En ocasiones queremos unir textos de un libro a otro que pertenecen a contextos diferentes y de esta forma también erramos en nuestras interpretaciones por desconocer del contexto.

Cuenta la historia de Jim Bakker, un gran ministro de los Estados Unidos, estaba tan ocupado con su ministerio en favor de millones de personas, que no tenía tiempo para estudiar las Escrituras cuidadosamente en su contexto. Él confiaba en que su amigo hacía el trabajo en las enseñanzas que le daba ya hechas. Cuando colapsó su ministerio, pasó muchas horas escudriñando las Escrituras con sinceridad y con detenimiento y para su sorpresa, se percató de que en algunos puntos, las enseñanzas de Jesús, era lo opuesto a lo que ellos enseñaban. Por esto no es bueno nunca depender simplemente de lo que alguien diga sin corroborar. Este hombre se estaba perdiendo tanto, por simplemente usar la Biblia para defender aquello que creía. Muchos eruditos dicen que hay varios niveles de contextos que son útiles para poder entender mejor las Escrituras:

1. **Contexto inmediato**. Este se encuentra en los parrafos que le rodean.

2. **Contexto de todo el libro**. Para encontrar o descubrir este, debemos leer todo el contenido del libro.

3. **Contexto de la enseñanza del escritor**. Para este contexto es necesario leer o estudiar la vida de dicho autor, para saber a que se refería. En el caso de Pablo, con su mayor contenido en el Nuevo Testamento, es posible descubrirlo cuando estudiamos cada una de sus cartas. No será difícil si pasamos tiempo leyendo cada una de sus cartas con detenimiento.

4. **Contexto de la información compartida**. Este nos habla del trasfondo histórico del escritor, y de la información que compartía con sus destinatarios. Es importante saber que cuando Pablo escribe, asume que los destinatarios conocían lo que citaba del Antiguo Testamento. Por ello es necesario entonces no solo tomar un versículo y hablar de él, más que eso se debe **profundizar**.

Uno de los pasajes o textos que siempre me ha gustado enseñar como ejemplo de contexto, es el *(Salmo 81: 10)*. Este versículo desde que tengo uso de razón he venido escuchándolo de una forma incorrecta. Gracias al contexto, he podido aprender y a descubrir, cómo

Salmo 81: 10 (RVR60)

"Yo soy Jehová tu Dios, que te hice subir de la tierra de Egipto; abre tu boca y yo la llenaré"

utilizar el texto de forma correcta para no estar enseñando algo que este no dice. Veamos el texto no utilizando solo el versículo diez, hagámos el ejercicio de lectura para encontrar esos contextos inmediatos, o el contexto que el autor quiere que sepamos. Cuando vemos desde el versículo uno en adelante, podemos darnos cuenta que el autor está haciendo un recuento histórico sobre todo lo que vivieron, sobre lo que vivían y sobre lo trágico que les tocaba vivir por alejarse de su creador. Podremos entonces clasificar el salmo de esta manera sistemática para poder entenderlo y no tomar un solo versículo para dar una interpretación incorrecta. Primero vemos una **esclavitud**, después una **liberación**, vemos **gozo** y **alegría**, vemos **desobediencia**, **adoración a ídolos** y **olvido con abandono al Dios verdadero.**

Quien escribe el salmo es Asaf, se le conoce como músico, levíta y se le llama también profeta. La forma que está escrito este salmo es una poética como normalmente escribían en su época. Los versículos del uno al cinco podemos ver himnos de alabanzas como también podemos ver algo de litúrgia en sus expresiones, (v.1) *"cantad y aclamad"* (v.2) *"entonad canción y tocad pandero"* (v.3) *"Tocad trompeta".* Podemos ver el **gozo**, la **alegría** que contienen estos primeros versículos en dicha **fiesta**. Esta fiesta se basa en la liberación del pueblo sobre Egipto, pero no todo queda aquí porque entonces es cuando vemos que la cosa cambia. De ver gozo, alegría y fiesta ahora entra el salmista con voz profética para declarar al pueblo un mensaje cargado de moralidad y de ética. De esta forma vemos la falsedad radical de tanta celebración vacía sin valores éticos ni principios morales. Vemos en los (vs.6- 16) un triste escenario donde el pueblo entonces comenzó a **desobedecer**, es donde el salmista se ve irrumpiendo la fiesta para reclamar el **olvido** del Dios que los apartó de los trabajos forzosos con la liberación, de un Dios que los libró del matrato, de un Dios que los sustentó por el desierto, y de esta forma dramática a reclamarles que oigan y escuchen el mensaje. Les recuerda que Dios es el único Dios real y verdadero ya que se olvidaron de Jehová para ir tras dioses ajenos, y es allí donde el famoso texto resalta la idea de que si el pueblo escuchara, y abriera su boca clamando al verdadero, él les supliría alimento como ya lo había hecho antes, (v.10). Lo curioso de todo es que ellos no quisieron oír y como bien dice el versículo doce, los dejó por la dureza de su corazón y anduvieron en sus propios deseos.

Termina Dios con un acto de misericordia al final de pasaje diciendo que le sustentaría con lo mejor que tiene, pero ellos quieren ir tras lo peor que desean, (v.16). De esta forma entendemos que el salmo no esta diciendo que si yo tengo una responsabilidad de predicar o enseñar debo abrir mi boca para hablar de lo que él la llene. El texto no habla de esto y cuando no conocemos el contexto, esto y peores cosas podemos ver en nuestras predicaciones y enseñanzas. Con este ejemplo podemos ver la importancia de utlizar correctamente un pasaje, tomando el contexto como base para poder entenderla y enseñarla.

Otro ejemplo que me parece que debe ser importante ya que el libro constantemente invita a profundizar, es este que utilizan para decir que no es necesario el estudio Bíblico. Veamos cuál es el texto que mal interpretan.

2 Corintios 3: 6 (RVR60)

"El cual asi mismo nos hizo ministros competentes de un nuevo pacto, no de la letra, sino del espíritu; <u>porque la letra mata, mas el espíritu vivifica</u>"

El contexto es tan importante que si no lo tomamos en cuenta leyendo este versículo, vamos a creer que estudiar mata a la gente, o que no es importante estudiar o prepararnos.

Veamos que quiso decir el autor cuando escribe esta expresión. Una de mis recomendaciones es que siempre lean los textos bíblicos en otra versiones que trabajo con otra forma de traducción para la comprensión del texto que en ocasiones es un poco difícil de entender. Y para ello yo quisiera comenzar citando el texto en otra versión para dar con el significado principal de la expresión sin olvidar el contexto, el antes y el después.

La versión (Dios habla hoy) dice; *"pues él nos ha capacitado para ser servidores de una nueva alianza, basada no en la ley, sino en la acción del Espíritu. La ley condena a muerte, pero el Espíritu de Dios da vida"*

La versión (Nueva traducción viviente) dice; *"Él nos capacitó para que seamos ministros de su nuevo pacto. Este no es un pacto de leyes escritas, sino del Espíritu. El antiguo pacto escrito termina en muerte, pero, de acuerdo con el nuevo pacto, el Espíritu da vida"*

Veamos entonces dos versiones que nos da el sentido correcto sobre lo que esta escribiendo el autor bíblico en este caso Pablo. Este capítulo tres comienza con un subtema que titula; Ministros del Nuevo Pacto. El capítulo no esta hablando nada sobre la educación ni nada por el estilo. El texto esta resaltando dos tiempos; Antiguo Pacto (lo que conocemos como el tiempo de la ley) y el Nuevo Pacto (lo que conocemos como el Nuevo Testamento). Pablo lo que quiere resaltar es que la ley judía condenaba a muerte y todo el que quería vivir en la ley debía cumplirla completa, cosa que era imposible y por eso Cristo tuvo que venir. De modo que dado a que el tiempo de la ley condenaba al hombre y a la mujer, el nuevo pacto que es por medio de Jesús, es lo que nos da vida, porque Cristo mismo es ese nuevo pacto. De modo que no conocer los textos que están antes y después, puede ser fatal a la hora de interpretar la Biblia, porque estaremos posiblemente practicando algo que el texto no enseña. Por esto mi invitación es a **no olvidar el contexto.**

–Importancia de Exégesis–

Esdras 7: 10 (RVR60)

"Porque Esdras había <u>preparado su corazón</u> para <u>inquirir</u> la ley de Jehová y para <u>cumplirla</u>, y para <u>enseñar</u> en Israel sus estatutos y decretos"

Alonso Shokel dice que *"para leer un texto es deseable compartir el mismo espíritu en que se produjo"*. Para definir lo que es exégesis, su origen es griego y significa *"sacar fuera desde"*. La idea de esta tarea es sacar del texto el sentido que este trae. Para esto debemos tomar en cuenta la historia y la gramática sin ningún tipo de prejuicio, no es lo que yo diga o piense o crea, es lo que bien el contexto y la investigación exégetica nos brinde. De hecho **Exégesis no es otra cosa que una investigación**. Dentro de esta investigación una rama que es fundamental es la **arqueología**, ya que ella se une al trabajo investigativo para dar evidencias de lo que pudo haber sido un <u>texto auténtico</u>. Otra invitación que hace la exégesis es aprender de los idiomas bíblicos, de esta forma sabremos lo que bien quisieron decir los autores originales, sin tener que traducir de un idioma a otro, que en ocasiones se pierde mucho del sentido originario.

Quizás no se tenga el dinero o el tiempo para estudiar estos idiomas, pero hoy día tenemos muchas herramientas de traductores, comentarios, diccionarios de lenguas bíblicas, que aunque no podamos estudiarlos en una universidad, pero si podemos invertir en estas herramientas que otros han hecho. Hablando del sentido

originario, es la base fundamental de una exégesis, ya que este toma el **papiro**, códice o manuscrito y determinan como fiel, al más antiguo, del cual podemos creer que no tuvo ninguna añadidura o si la tuvo fue menos. Se le llama papiro porque fue sacado del tallo de una planta, donde en un proceso de calor y mojado podían escribir encima de ello, lo cual también era fácil de descomponerse. Este trabajo es serio y muy delicado para el estudio Bíblico. Podemos decir que antes de interpretar cualquier documento, entre ellos la Biblia, es necesario hacer primero una investigación. Muchos son los que optan por interpretar lo que bien les parece y en ocasiones tenemos interpretaciones que la misma Biblia ni enseña. Entonces debemos entender

que la exégesis no interpreta, la exégesis investiga la fuente original, los idiomas, los papiros, los códices o manuscritos y entran en ese proceso llamado **crítica textual**. Este proceso se le llama así, ya que es el proceso literario donde se intenta reconstruir sistemáticamente el texto bíblico más antiguo posible. Este proceso surge ante la diversidad de lecturas en los manuscritos del texto y por los diferentes papiros encontrados o manuscritos.

Aunque este proceso o tarea es altamente criticada por muchos, es de igual importancia para dar luego nuestra interpretación, ya que sabemos que muchos textos fueron añadidos, otros quitados, algunos confundían los comentarios de los copistas y los añadian al texto, otros no entendían la lectura y armonizaban para dar comprensión, entre otras muchas posibles que si no es por la investigación exegética y la critica textual no pudiésemos saberlo. Siendo la Biblia un libro y muy antiguo, a la hora de estudiarse debe pasar por ese proceso crítico y textual para dar con su origen.

-Importancia de una Hermenéutica-

Hechos 8: 30-31

"Acudiendo Felipe, le oyó que leía al profeta Isaías, y dijo: Pero ¿entiendes lo que lees? El dijo: ¿Y cómo podré, si alguno no me enseñare? Y rogó a Felipe que subiese y se sentara con él"

Se define como acto de comprender e interpretar los textos. Su origen también es griego y nace del dios griego "Hermes" que era uno que interpretaba sueños divinos. Este concepto se utiliza para cualquier documento ya sea poesía, cuentos, o cualquier tipo de literatura, por esto también se aplica a la Biblia por ser un libro con muchos autores, por tener mucha historia, que por ende debe ser interpretado por un mensajero pero con debida responsabilidad. En palabras simples, la Hermenéutica es una interpretación, y aunque pueda que hallan miles de interpretaciones según nuestros contextos de vida, esta no puede violar el contenido de cualquier literatura dándole un sentido distinto al que tiene. Otras definiciones de Hermenéutica son, explicar, traducir, interpretar. Para llegar a una interpretación teológica de las Escrituras debemos entonces tener la información completa y correcta en la Exégesis. Lamentablemente hoy día contamos con mucha interpretación pero poca investigación, poca exégesis. Esto es un grave problema porque nacen teologías de textos que jamás se acerca a lo que su autor enseñaba y termina siendo un dogma disfrazado de doctrina que enrealidad no existe. Porque no es decir lo que salga del corazón, es extraer su significado verdadero.

Mi propósito en este libro no es hacer una exégesis diaria de cada capítulo que veremos en la tercera parte, no es mi enfoque principal, pero sí podrán notar cada una de esas partes de forma bien resumida y corta, dándole una interpretación contemporánea y saludable. En ese proceso hermenéutico no podemos olvidarnos de los traductores. Son personas muy olvidadas en nuestros circulos de fe y son muy importates para poder hablar de hermenéutica, ya que si no hubiesen traductores, no tuviésemos la Biblia en nuestros idiomas. No debemos olvidar que la Biblia fue escrita en idiomas que no son ni español, ni ingles, son idiomas que gracias a traductores fueron traducidos y en ocasiones les costaba hasta la vida porque no era permitido traducir documentos de un idioma a otro por las complicaciones que pudieran tener y otros por intereses de poderes. Una de las versiones que la mayoría de habla español utilizan en sus congregaciones es la versión Reina Valera. Una traducción bien reconocida por dos hombres, Casiodoro de Reina y Cipriano de Valera, monjes que se dedicaron a traducir la Biblia, uno edita la Biblia de otro hasta que tiempo después se conocen las Biblias con sus apellidos, *"Reina Valera"* Sin números de otros traductores hicieron estos trabajos para poder tener la Biblia en nuestros idiomas y esto también es importante a la hora de hacer una buena interpretación de algún texto bíblico.

-Importancia de la Educación Cristiana-

En estos versículo podemos notar lo cargado que está de educación cristiana. Primero dice que hay que hacer discípulos, para hacer discípulos se requiere tiempo. Nadie hace discípulos de la noche a la mañana. Después dice que bauticen, cosa que había que enseñar para que entendieran lo que significaba el bautismo. Termina diciendo que les

Mateo 28:19-20 (RVR1960)

"Por tanto, id, y haced discípulos a todas las naciones, bautizándolos en el nombre del Padre, y del Hijo, y del Espíritu Santo; enseñándoles que guarden todas las cosas que os he mandado; y he aquí yo estoy con vosotros todos los días, hasta el fin del mundo. Amén."

enseñaran todas las cosas aprendidas por Jesús, cosa que no era para tomarse muy ligero a la hora de hacer discípulos. Desde el comienzo de la iglesia, la educación siempre estuvo presente. Una de tantas definiciones sobre lo que es educación cristiana que me gustó mucho la trabajó Pablo Jiménez en una de sus presentaciones, dice así:

"La Educación Cristiana es el proceso mediante el cual la iglesia busca que su feligresía adquiera y desarrolle, conocimiento, actitudes, valores, modos de

comportamiento, creencias y prácticas que reflejen la fe en Jesucristo"

En ocasiones he tenido algunos debates o diálogos sobre si se debe o no estudiar la Biblia, donde en el peor de los casos ponen en un ring de boxeo a dos contrincantes, en un lado está el estudiar la Biblia y en el otro lado esta la espiritualidad. Creemos que son enemigas o que no se necesita a una de ellas, lo cierto es que una <u>debe</u> llevarte a la otra. Algunos argumentos surgen en estos diálogos y enfatizan que no se debe estudiar porque nadie en la antigüedad, por lo menos los discípulos no lo hicieron. Jesús los comisiona pero no los mandó a estudiar, de hecho escogió doce discípulos sin letra (sin estudio) para dar a conocer su evangelio. Lo cierto es que a argumentos como estos debo responder y de la forma más sutil que podría contestar. Ellos no tuvieron una Biblia en la mano, ellos no tuvieron que traducirla, ellos no tuvieron documentos sobre Jesús porque ellos tuvieron a Jesús mismo en persona. Los que deben estudiar el texto sagrado somos nosotros, los que estamos a mucha distancia de el, para corroborar, para aprender de la vida y de la obra de Jesús.

De modo que estudiar no me hace menos ni más espiritual, pero debe acercarme a Jesús, a Dios, y afectar mi vida, de tal forma que por medio de la educación conozcamos a Jesús y por medio de nuestra relación con el, nos fortalezcamos cada día. Jesús mismo se educó, los discípulos aunque no se educaron como hoy lo haríamos nosotros, se educaron en cierto sentido porque tenían al maestro en persona. Pablo posteriormente se educó, se crió a los pies de un maestro o rabino, Timoteo fue educado por su madre y por su abuela, tanto que después Pablo lo recluta para ser ministro en una de las iglesias, exhortándole algo que bien era importante para el ministerio, (*1Timoteo 4: 13*).

1 Timoteo 4: 13
(RVR60)
"Entre tanto que voy, ocúpate en la lectura, la exhortación y la enseñanza"

Volviendo a la gran comisión, ésto se identifica como uno misionero y <u>educativo</u>, donde la iglesia no solo crecía en números, también se fortalecían en la fe. Un dato que me impactó cuando lo leí, fue lo que la Dra. Lebar en su libro de Educación Cristiana cita sobre este versículo. **Primero** dice que la educación cristiana en nuestras congregaciones <u>debe ser más dinámica y atractiva</u>. **Segundo**, dice que el llamado de (*Mateo 28:18*) es un mandato para la educación cristiana a todo el mundo. El texto confirma que debemos ir para hacer discípulos, lo cual se lleva a cabo enseñando. <u>De esta forma dice que el evangelismo y la eduación cristiana son primas hermanas, ya que un misionero se encargaría de llevar el mensaje, donde luego pasaría con el maestro.</u> Un buen trabajo misionero donde se lleva el mensaje, termina con una educación cristiana para formar a esos nuevos creyentes. Ninguna es mayor que otra, ambas son necesarias, de hecho todas y cada una de nuestras tareas en la obra de Dios, son importante para el crecimiento y la formación.

La Educación Cristiana siempre existió en los círculos de fe y de esta forma la iglesia se fortalecía. A estos círculos de educación podríamos llamarlos, "La necesidad de cimientos". Para tener un alto conocimiento de cómo vivió Jesús, es necesario estudiar su vida y para esto tenemos los Evangelios. Esta es la gran diferencia de ese tiempo al de nosotros. Antes cuando Jesús estaba no era necesario estudiar, porque no había una literatura cristiana, ya que fueros esos propios discípulos quienes escribieron de Jesús. Por consiguiente ellos no se vieron en la necesidad de estudiar porque no tenían Biblia, no tenían literatura. Pero quiero resaltar un detalle que a simple vista quizás no se vea y es el propósito de la enseñanza de Cristo. Cuando leemos los Evangelios, podemos darnos cuenta que el propósito de sus enseñanzas fue cambiar vidas y no solo afectar las emociones o el intelecto. En esta misión, Wilson dice que hay cinco clasificaciones del propósito de Jesús en la enseñanza:

1. **Jesús buscaba convertir sus alumnos a Dios**. Precisamente a esto Jesús vino, a reconciliar al mundo con su Dios y para iniciar el reino de Dios en la tierra a través de los corazones cambiados y entregados a él por completo.

2. **Jesús quería que sus discípulos formaran ideales**. Significa que su enseñanza demandó una

nueva ética y una nueva interpretación de las reglas y normas sociales, (en el caso de la ley judía de su época).

3. **Jesús se proponía desarrollar armonía**. En (*Marcos 12: 30-31*) Podemos apreciar esta armonía que se supone que exísta entre creyentes y aún más entre los inconversos. Nos dice que debemos amar a Dios con todo nuestro ser, pero este mandato conlleva a otro, donde si realmente se ama a Dios, debe amarse al prójimo y amarlo como a uno mismo. Esto da paso a una vida de armonía, de empatía, donde no podremos ver a otros diferentes a como nos vemos, pues así como nos cuidamos y nos atendemos, deberíamos hacerlo con nuestro prójimo.

4. **Jesús quería profundizar las convicciones de sus alumnos**. Este punto va de la mano del anterior, pues cuando Jesús confrontaba con preguntas para que analizaramos nuestras convicciones lo que bien hacía era fortalecerlas, ejemplo. Cuando amamos a alguien de todo corazón, es imposible estar separado de tal persona. Lo mismo quiere producir Jesús en nosotros, donde por medio de su amor quiere fortalecer la relación de tal forma que ninguna creencia o ideal, venga a darle ruptura a nuestra relación con él. En el libro (*Juan 21: 15-17*) Jesús le hace unas preguntas a Pedro después de haberle negado. La pregunta inicial fue *¿me amas mas que éstos?* Después de

esa pregunta le acompañaron otras para confrontar el amor que Pedro tenía por Jesús, de esta forma Pedro podía profundizar por medio de su reflexión si verdaderamente amaba a Jesús o no. Como le dije, quien ama, no abandona. (*Romanos 8: 35- 39*)

5. **Jesús los estaba preparando**. Ya teniendo ellos un ideal, el cual era el propio Jesús, después de él, le tocaba a los discípulos continuar su legado. En (*Mateo 28: 19-20*) muestra como este legado cae sobre la iglesia para que tanto como su obra y su reino se establezca en la tierra.

Siendo la educación Cristiana una importante y fundamental para el crecimiento, formación y cambios en la sociedad, no podemos tenerla en poco. **¿Cuál sería entonces el peligro de una interpretación incorrecta?** Una interpretación no es otra cosa que explicar o aclarar el significado de algo, ya sea de alguna información que recibimos oralmente, o leemos en un libro. El trabajo de interpretar, explicar o aclarar, es muy importante para traer comprensión. Habrán ocasiones donde necesitaremos de alguien que nos interprete, es decir que nos explique, que nos aclare, que nos haga comprender, para poder entender el asunto que se transmite. El peligro se vería en transmitir la idea incorrecta de aquello que escuchamos o leemos. Cuando caminamos sobre una idea incorrecta, vivimos esclavos y presos, ejemplo:

Juan 4: 19- 24 (RVR60)

Una historia conocida por muchos pero de tanto tema para sacar. Esta mujer caminaba sobre dos <u>ideas incorrectas</u> hasta que Jesús llegó. <u>La primera</u>. Esta era un problema personal, íntimo, ocultaba una gran verdad por miedo al rechazo, a la burla, y por ello vivía escondida de todas las demás mujeres y de la sociedad, (v. 19). <u>La segunda</u>. Este fue un problema más teológico. Y la cuestión era sobre dónde se debía adorar a Dios, si en Samaria o en Jerusalén. Esta mujer vivía caminando sobre el <u>miedo</u>, <u>rechazo</u>, y <u>practicando cosas por paradigmas</u> que posiblemente nacieron de lo que escuchó, aprendió, o leyó. Pero todo eran <u>ideas incorrectas</u>. Jesus le enseñó que habrán ocasiones donde hablar, exponer, todo aquello que ocultamos, nos traerá libertad, y también le enseñó que a Dios se le adora tanto en Samaria como en Jerusalén, porque la adoración no se limita a una estructura. Significa que por tener <u>ideas incorrectas</u>, podemos estar dando <u>malas interpretaciones</u> que se convierten en <u>paradigmas</u>, es decir en <u>conductas</u> y <u>patrones</u>, más adelante en uno de los capítulos tocaré ciertos puntos sobre este tema. Toda interpretación debe entonces estar cargada de:

1. Compresión, de una idea correcta.
2. De restauración.

Para esto siempre será necesario un <u>BUEN INTERPRETE</u>, que lleve al pueblo a la <u>compresión</u> y a la restauración. **¿Qué deberíamos saber de los paradigmas, de aprender y de reaprender?** Antes de contestar esta pregunta deberíamos definir lo que es paradigma. Es una palabra que nace del griego y originalmente fue un término científico, ya en la actualidad se le da un sentido general de modelo, teoría, percepción, supuesto o marco de referencia. En otras palabras, más simples o general, es el modo en que vemos las cosas, es una compresión o una interpretación. Podemos entonces decir que un paradigma no es malo del todo, pero puede serlo cuando nos acostumbramos tanto a las cosas tal y como son, que olvidamos que puede haber nuevas formas que sean más eficaces a la hora de enseñar. Esto pasa también con el predicador, maestro o cualquier líder de nuestras congregaciones, donde se niegan aprender después de haber sido formados, porque muchos piensan que ya lo saben todo o en el peor de los casos, no quieren que nadie les enseñe. Cuando hablamos de reaprender, se habla de un concepto que se utiliza en el ámbito educativo para resaltar la idea de aprender nuevamente algo, desde una perspectiva diferente a la original.

En ocasiones nos han enseñado pasajes o textos de las escrituras que solo por falta de herramientas sin malas intenciones, quizás lo enseñaron de la forma incorrecta. Para este tipo de conflicto podemos acudir a diccionarios, comentarios bíblicos o grandes eruditos o exégetas que se especializan en esos trabajos que nos podrían traer luz. **Ser maestro es un don de Dios, pero para ello uno debe prepararse bien para darle a Dios y a los demás lo mejor.** Alguien dijo; *que hacían falta nuevas ideas, pero la costumbre nos encierra.* Esto puede ser un peligro porque podemos estar estancados, cosa que Dios no quiere. De hecho, nuestro Dios siempre esta haciendo cosas nuevas, tenemos un Dios innovador, (*Isaías 43:19 RVR60*) resalta la idea de que Dios siempre esta haciendo algo nuevo, donde volverá abrir caminos. El propio Jesús nunca enseñó de la misma manera, siempre tenía sus formas, sus metodologías, de modo que también nuestro salvador nos enseña a reaprender para romper con ciertos paradigmas que no nos dejan avanzar.

Un gran ejemplo de cómo podemos romper con un paradigmas y de reaprender para poder aprender cosas, es el mismo mundo de cómo está avanzando y cambiando. Si no nos adaptamos a los cambios y a sus metodologías ciertamente nos quedaremos en el pasado. Si damos una corrida por la historia podremos ver que antes los celulares no existían y no podíamos tener una comunicación instantanea como hoy día. Pero eso fue cambiando y hoy hasta el más pequeño tiene un celular y se comunica. De igual forma las tiendas de ropa hoy día estan cerrando y esta reinventándose en medio de la crisis, donde ahora todo es por internet. Los mismos bancos, antes uno debía ir al más cercano, pero hoy día hasta cheques se pueden depositar vía nternet. Asi como los tiempos cambian, las metodologías también cambian, las formas cambian y no podemos creer que una forma es la correcta. La iglesia se enfrenta a desafíos donde debe cambiar sus formas para ser efectiva, y cambiar o reformar alguna forma no nos hace menos espirituales. Jesús como bien dije, nunca hizo algo de la misma forma, Dios mismo en las Escrituras nos enseña a ser gente innovadora. Con esto no estoy diciendo que debamos cambiar nuestra esencia como iglesia, muchas cosas no cambiarán como institución que somos, pero debemos cambiar lo que ya no funciona. Unas palabras de una profesora que tuve en la clase de Educación Cristiana me marcaron, precisamente sobre este tema y fueron las siguientes:

"Los paradigmas se rompen enseñando pero poco a poco"

Nunca una pared de cemento se rompe del primer marrón, más bien deben ser varios para que rompa, igualmente la enseñanza. Debemos creer en un mundo de cambios siempre y cuando enseñar sea la base. Otra rama muy importante que se estudia en muchas universidades es la *Homilética*. Estos concepto pueden que se escuchen muy raros pero son maravillosos y super necesarios. La homilética es el arte de la comunicación y de la homilética hoy día nadie habla porque todo el trabajo queremos dejarlo en manos de Dios, olvidando que nosotros también tenemos un trabajo por hacer. Este arte habla de la forma en cómo se lleva dicho mensaje.

Hoy día tenemos una forma muchos de nosotros los creyentes de llevar el mensaje. Nos vamos a una esquina y allí con dos bocinas comenzamos a predicar de Jesús. Pero esta forma puede cambiar para tener más efectividad. No estoy diciendo que se deje de hacer esta forma, pero sí digo que deberían considerarse otras formas. En un mundo tan creativo, y siendo nosotros creados a imagen y semejanza de Dios, alguna forma se nos puede ocurrir para llevar el mensaje de una forma más atractiva.

-El arte de escribir, los orígenes de la escuela y la educación-

El nacimiento de la institución social llamada escuela, se remonta a la invención de la escritura. Se escribió en <u>piedra</u> primero, después en <u>tabletas de barro</u> y posteriormente en <u>papiros</u> y <u>pergaminos</u>. La Biblia responde a este realidad, ya que los textos de ella, se encontraron en papiros y pergaminos, muchos otros relatos también dan a conocer las tabletas de barro. Por muchos años los seres humanos transmitieron oralmente sus conocimientos de una generación a otra, ya sea por narraciones, poemas, canciones entre otras, contando siempre con lo más importante que tenían, su memoria. Cuando se dieron cuenta que no podían confiar en su memoria vino a inventarse la escritura. Esta nueva forma de escritura facilitó para conservar pensamientos y comportamientos, tradiciones y culturas a otras generaciones.

Ahora era más fácil conservar por medio de la escritura, ya que la memoria no era del todo confiable, por la edad y otros factores. La invención de la escritura creó una institución que cambio la estructura de la sociedad, cuya existencia ha perdurado entre nosotros hasta hoy, se llama; La Escuela. Aunque debe ser de los padres esa primera responsabilidad de valores, de tradiciones y otros, cierto es que los padres no podían ya enseñar a sus hijos por falta de tiempo o de faltos de ciertos conocimientos. Cuando entonces los padres se veían limitados a esta realidad, los enviaban a la escuela de escribas, usualmente relacionado al culto del pueblo. De esta forma furgieron los maestros, la escuela y la educación.

Con el pasar de los tiempos podemos ver cómo la educación fue desarrollándose. Entre muchos de los personajes sobresalientes podemos ver a Sócrates (469-

399 a.C). Aunque Sócrates no escribió nada, por sus discípulos podemos saber las enseñanzas de él. Este tiempo de educación y de filosofía, dos son los puntos que se resaltan, Reminiscencia y la Mayéutica. La reminiscencia es la capacidad de la razón para recordar y la mayéutica es donde por medio de preguntas se lleva al alumno a descubrir por ellos mismos las ideas correctas sobre el tema que se está discutiendo. Después de este tiempo, llegamos a la educación de los romanos, donde podemos apreciar la educación del cristianismo y después lo demás es un desarrollo altamente educativo por diferentes personas sobresalientes en el ámbito de la educación.

No pretendo plantear todas y cada una de ellas, pero sí quisiera dejarle algunos nombres para que en su análisis e investigación puedan apreciar las aportaciones de cada uno de ellos. Cuando Platón plantea sus ideales y aportes en la educación podemos ver diferentes personas y movimientos. Entre algunos de ellos son:

- **Francis Bacon** con el inductismo, que no es otra cosa que ir de una experiencia particular a una general.
- **John Locke** con el empirismo, que al contrario de Francis, John dice que la experiencia es la realidad misma de los hechos. Significa que John rechaza toda idea y sostiene que todo conocimiento proviene de la propia experiencia.

- **John Dewey** y el <u>pragmatismo</u>, donde éste sostiene que la verdad la conocemos por sus consecuencias prácticas. Por eso hoy día conocemos de universidades o institutos con este logo, *"Aprende practicando"*.
- **Paulo Freire** y su pedagogía de los oprimidos (el reconstruccionismo). Este sistema educativo es altamente importante. Este se especializa en que la realidad social actual está en crisis y el sistema escolar junto con las universidades, están creadas para precisamente reconstruir la sociedad o la crisis de nuestra época. Esto da paso a una educación que llene a los alumnos de herramientas para la reconstrucción de las crisis presentes. Ya la escuela no debe ser una que deposita y trasmite su cultura, debe dar un paso más para una que transforme y renueve la sociedad de la que forma parte. *Quisiera hacer un (paréntesis) porque quizás se piense que se le resta a Dios mismo cuando se habla de cambios, pero debo recordar a mis lectores creyentes, que Jesús fue uno que trajo una nueva educación, o una educación para transformar la sociedad en la que vivía. <u>De modo que hasta en la propia Biblia, podemos ver a un Jesús, tratando de reconstruir la sociedad por medio de su enseñanza</u>.* Es por eso que Paulo llamaba a esta postura, *"La pedagogía del oprimido"* Porque una vez el oprimido se educa, es libre del propio estado que en ocasiones usan las propias escuelas como fuentes

políticas y de autoridad. Pero la educación siempre traerá libertad, traerá transformación y reconstrucción social. En esta aportación Paulo habla en contra de esa *"educación bancaria"*. Esa que únicamente llena a los alumnos de conocimientos y ya, todo queda allí, precisamente como un banco cuando se deposita dinero.

· **Juan Jacobo Rousseau: El Emilio,** así llamó su obra en el libro *"Emilio o de la educación".* Esta enseñanza podría ser algo radical o poco agradable pero tiene algo de verdad, algo que ciertamente también es necesario. Emilio es ese hijo imaginario en su libro el cual debe ser apartado de la sociedad mientras se educa porque ésta lo corrompe. Recomienda que se eduque en el campo, acompañado de un preceptor, donde descubra por sí solo, por sus propias experiencias, los secretos de la naturaleza. Su educación debe seguir un proceso natural, nada artificial ni impuesto, todo de acuerdo al desarrollo de su capacidad natural. Como pueden ver, este es muy distinto a los demás, pero cada uno aporta a algo que piensa que es importante para el desarrollo educativo.

· **Juan F. Herbart y el Asocianismo.** Se consideró al principio un psicólogo y muchos de sus trabajos fueron de esta disciplina. Sostiene que el cuerpo y el alma existen al nacer, pero la mente y el razonamiento viene después. Lo que llama *"masa perceptiva"* es precisamente eso, toda la información ingresada en nuestra conciencia y que se ha almacenado en nuestro ser. Añade que no puede haber aprendizaje si el estudiante no está interesado y el maestro debe de alguna forma buscar esa conexión para que el estudiante se interese por lo que se quiere enseñar, ya sea por medio de conocimientos previos, o asociación.

· **Por ultimo y no porque sea menos importante, Iván Petróvich Pavlov.** Considerado como Fisiólogo y Psicólogo ruso, sostuvo que el condicionamiento clásico es un tipo de aprendizaje y comportamiento, que consiste en ajustar un estímulo natural con su respuesta natural y conectarlo con un segundo estímulo para generar una respuesta que no se da naturalmente. Un gran ejemplo es cómo condicionan a los alumnos del salón de clases, diciéndoles que si no entran después que sonó el timbre (estímulo condicionado) perderán un punto en su calificación, por lo tanto los condiciona a entrar temprano. En su teorías se llama el *"conductivista"* y enseñaba sobre el estímulo y usaba de ejemplo a los perros. Al perro se le condiciona por medio de un timbre o asociamiento para llevarlos a la acción.

Como podemos ver la educación siempre ha buscado la forma de restaurar o aportar en el desarrollo de cualquier crisis y lo mismo hacía nuestro Jesús cuando vino. Su misión en la educación fue precisamente tratar de transformar su gente y entorno. Digo que trató porque no pudo hacerlo del todo pero sí cambió la historia, la dividió en dos, antes de Cristo y después de Cristo. Su enseñanza transformó aquellos que la creían y la seguían. Jesús no es que se incline a una de estas teorías pero lo cierto es que, su enseñanza podemos apreciarla en (*Mateo 5)* y allí podemos ver cómo otras religiones, otros personajes devotos en otras creencias, reconocen que la enseñanza de Jesús es una de altura, y de grande reconstrucción no solo social, sino también espiritual y moral. Permitamos que sea la educación la que transforme y no la violencia. Termino esta sección sobre la educación con una cita que me parece bien pertinente con todo este discurso desarrollado sobre la educación

"La educación es el arma más poderosa que puedes usar para cambiar al mundo"

Nelson Mandela

II. Redención en la mujer

(La mujer, su historia, la Biblia y su liberación)

"No somos como algunos creen, que por ser feministas somos enemigas del hombre, pero sí somos enemigas de las injusticias de ciertas leyes que hicieron los hombres"

Carmen Karr

"Esta tenía una hermana que se llamaba María la cual sentándose a los pies de Jesús, oía su palabra"

Lucas 10: 39 (RVR60)

En este artículo me tomaré el debido tiempo para explicar ciertas cosas que probablemente puede resultarle un tanto extraño pero a la misma vez liberador y no solo para las mujeres, sino también para los hombres. Quiero comenzar diciendo que cada pasaje de la Biblia, en el caso de las cartas Paulinas ya que es lo más que tenemos en el Nuevo Testamento, responde a dos principios exegéticos o hermenéutico que no podemos pasar por alto.

1. Principios universales
2. Principios circunstanciales o locales

Los principios universales son aquellos principios doctrinales que Pablo aplica en todas sus cartas, los cuales se convierten en una verdad de fe doctrinal, principio que está por encima de la iglesia local de su época, osea que se debe aplicar a toda la iglesia en general y a la de todos los tiempos. Por ejemplo; la salvación por medio de la fe y/o la justificación por la fe, entre otros. Estos principios Pablo los menciona en todas sus cartas, recordándoles a sus destinatarios que somo salvos por gracia y por fe, y que somos justificados por ella, no por obras.

Los principios circunstanciales o locales son aquellas enseñanzas que no se deben aplicar universalmente ni adquirir como principio doctrinal, no son para todas las iglesias sino para ciertas congregaciones locales dependiendo de las circunstancias históricas. El propósito de Pablo con los principios circunstanciales es corregir malas costumbres o prácticas en la iglesia local pero que al establecerlo no tiene el revestimiento de un principio doctrinal o universal.

Un ejemplo es el que podemos ver en (*1 Corintios 11: 1- 16 RVR60*), el pasaje que habla del tema del velo donde vemos que lo utiliza solo en esta carta, en ninguna otra vemos esta situación. Podemos entonces ver un principio circunstancial que en muchos lugares lo han convertido en un principio universal. Pablo cuando funda la iglesia en Corinto, la funda donde ya existía un culto, un templo y una diosa la cual se llamaba Afrodita, en otros lugares conocida como Diana o Astarte, donde estaba ligada a la diosa del amor. Representaba la fecundidad y fertilidad, donde otras religiones antiguas como Egipto tenían a Isis y Sumeria Acadia como Isthar. Ahora bien, cuando Pablo funda una iglesia allí, muchos de los convertidos adoraban en ese templo a esa diosa, participando de sexo ilícito y orgías como parte de su liturgia. Una de las prácticas en las mujeres era precisamente que no usar velo en su cultura era deshonroso y también cortarse el cabello. Por esto vemos al apostol Pablo que escribe sobre el uso del velo a las que posiblemente eran calvas, para que no se confundieran las mujeres creyentes de las mujeres que participaban en ese culto pagano, las cuales llamaban, "*prostitutas sagradas*". Un dato muy importante del velo es que este no lleva un significado de inferioridad o sumisión y sujeción al hombre, más bien se dice que era un signo de autoridad y de distinción. Yattenciy Bonilla hace una exégesis de estos pasajes indicando que su traducción no es la mejor y menos su interpretación de inferioridad o sumisión. Pero veamos que tiene que decirnos William Barclay con referencia a estos pasajes y la mujer del tiempo bíblico. Comenzando a dar un consejo dice, que no se pueden leer pasajes fuera de su contexto histórico. Se escribió desde un trasfondo judío, y aunque se le daba importancia a la mujer en el hogar, la posición de la mujer era muy inferior.

Para la Ley judía no era una persona sino una cosa, estaba totalmente a disposición de su Padre o de su esposo. Se le prohibía aprender la ley, el instruir a una mujer era echar perlas a los puercos. Las mujeres no tomaban parte en el culto de la sinagoga, estaban encerradas aparte en una sección, como si se dijera el gallinero. Se decía que un hombre iba a la sinagoga para aprender, pero como mucho, la mujer iba a escuchar. La lección de la escritura la leían en la sinagoga los miembros de la congregación, pero nunca las mujeres ya que esto le quitaba el honor a la congregación. Estaba prohibido que las mujeres enseñaran en las escuelas, ni siquiera a los niños más pequeños. Las mujeres, los esclavos y los niños eran de la mismas clase. A los hombres le aconsejaban no hablar mucho con mujeres y mucho menos en público. Era obligada a estar en la casa en las cuestiones domésticas del hogar, enviar a los niños para la escuela y dejar libre a su marido. Este recorrido que Barclay nos da, es un trasfondo judío como bien dije, pero ahora veamos el próximo sobre un trasfondo griego que también estaba en esos tiempos y veamos cómo la mujer siempre fue oprimida y usada por el machismo.

Dice que en este trasfondo griego era mas difícil. El lugar de la mujer en la religión griega era bajo. Un dato interesante es que en el Templo Afrodita en Corinto que tenía mil sacerdotisas que eran prostitutas sagradas, se decía que todas las tardes cumplían con esa función en las calles de la ciudad. En el Templo de la diosa Diana en Éfeso igual, a estas le llamaban *"melissae"* que quiere decir *"Abejas"* cuya función era la misma. Significa que mientras una mujer así, estaba por las calles de la ciudad, una mujer griega respetada llevaba una vida muy recluida. Vivía en una parte de la casa a la que no accedía nadie más que no fuera su marido y tampoco estaba presentes en las comidas de visitas en el hogar. Dicho todo esto del trasfondo judío y el griego, ahora **¿cómo podríamos interpretar esta realidad cultural a nuestro tiempo sin afectar a la mujer y a su libertad?** Para contestar a la pregunta debemos comenzar con llevar a cabo la tarea hermenéutica para así poder dar una interpretación correcta y saludable. Sabemos de ante mano que la mujer en el siglo que vivimos tiene privilegios que no tenía en el siglo uno y solamente por eso no podemos comparar los tiempos en un igual. **No podemos estar tomando principios circunstanciales y aplicarlos como si fueran principios generales o universales**. Las mujeres se enfrentan a textos muy antiguo, que refleja culturas, costumbres, épocas, relaciones, lenguas y gramáticas diferentes. Para añadir a esto, también son textos de culturas patriarcales y androcéntricas que se han acumulado por los siglos. Se debe hacer una exégesis que libere a las mujeres y puedan hablar con voz propia, ya que ni siquiera estaban autorizadas para aportar perspectivas y de esta manera perdemos alcance, ya que la mujer al igual que el hombre, fue creada por

Androcentrismo

Es la visión del mundo que sitúa al hombre como centro de todas las cosas.

Parte de la idea de que la mirada masculina es la única posible y universal dejando a las mujeres invisibles.

Dios y diseñada por él, con capacidad de hacer todo lo que Dios ponga en su corazón. Cuando hablamos de historia podemos ver documentos que se encuentran pero escritos por hombres, donde la mujer era transparente e invisible. Con esta realidad podemos decir que si no importaba reconocer la labor de muchas mujeres, tampoco podríamos reconocer a las mujeres que la propia Biblia menciona y en ocasiones como mujeres importantes para el progreso y desarrollo de la misión de Dios en la tierra.

Desde el Antiguo Testamento vemos a la Biblia mostrando que Dios es uno que rompe los patrones pero en ocasiones no vemos estos versículos, algunos por prejuicios otros por sus propios paradigmas. Pero siendo una cultura así, Dios siempre nos muestra que él no se limita a una cultura o a estructuras creadas por hombres y en un tiempo así, donde únicamente esas teofanías o epifanías eran hacia los hombres, en *(Génesis 16:7- 15)* vemos a Dios hablándole a una mujer, mostrándose a una mujer y dándole una revelación. Allí fue marcada una mujer para siempre y el lugar donde Dios le habló también.

Sumando a todo este problema de la opresión y de la marginación, dicha anteriormente sobre su cultura, no podemos olvidar el problema de la raza, de la esclavitud y del maltrato que siempre se ha vivido. Para que la Biblia tenga respuestas para estos problemas sociales y culturales, debemos releerla tomando en cuenta las herramientas dadas al principio, ya que siempre tiene algo que decirnos. Un ejemplo de este asunto, podemos encontrarlo con la **'Sulamita'**. En Cantar de los Cantares capítulo uno, versículos cinco y seis, nos menciona el color moreno de piel de una mujer que el texto bíblico resalta por su hermosura. Toda mujer puede identificarse, ver que aunque se enojan, una mujer de piel morena es alabada por su belleza. Ver cómo una mujer habla en el texto, es de gran liberación y de inspiración para todas aquellas marginadas por su cultura, por su sociedad, hasta por su propia familia, entre otras. La propia Madre de Jesús es una de esas mujeres que también nos muestra el texto que Dios le habla a una mujer y no a un hombre, donde lo más importante de todo es que por medio de una mujer vino el Salvador del mundo.

Antes de volver a la Biblia, veamos a nivel histórico, lo que la mujer ha tenido que venir luchando por sus derechos, por problemas raciales, entre otras. Algunas de estas mujeres son:

· **Hildegarda de Bingen** (1098- 1179). Nacida en la actual Alemania, es considerada una de las personalidades más polifacéticas del occidente europeo durante la Baja Edad Media. Dotada de una cultura fuera de lo común y comprometida en la reforma de la iglesia. Es una de las escritoras de mayor producción de su época, además de haber viajado y haberse enfrentado a algunos de los hombres más poderosos de su época en la defensa de sus ideales.

· **Christine de Pizan** (1364 – 1430). Fue de esas primeras escritoras profesionales de la historia. Poeta y filósofa, reivindicó con sus letras la mejora de la situación de subordinación que vivían las mujeres de su época. Su libro *"La ciudad de las damas"* en el 1405, se considera un precedente del feminismo contemporáneo.

· **Mary Wollstonecraft** (1759- 1797). Escritora inglesa que abogó por los derechos de la mujer a través de su propia vida, en la que se estableció como escritora profesional, siendo casi imposible para una mujer de su época. Su obra llamada *"Vindicación de los derechos de la mujer"* fue publicada en 1792. Allí afirma que la mujer no es naturalmente inferior al hombre, como se enseñaba, sino que se debía a la educación recibida y que ambos debían ser tratados como seres racionales. Muere muy joven por complicaciones derivadas del nacimiento de su hija, dejando muchos manuscritos y literatura sin terminar.

· **Sojourner Truth** (1797 – 1883). Doble luchadora por la igualdad de las mujeres y por la abolición de la esclavitud. En una de sus obras llamó; *"¿Acaso no soy una mujer?"* También luchó por la abolición de la pena de muerte.

 · **Flora Tristán (1803- 1844)**. Escritora y pensadora de ascendencia peruana. Trabajó en la emancipación de la mujer, además de destacar en el entorno del socialismo y la lucha proletaria (clase social construida por obreros) con la reivindicación de los derechos de los trabajadores y la erradicación de la pena de muerte. Su texto de 1846, *"la emancipación de la mujer"* adelanta el pensamiento posterior de que la mujer no debe ser inferior al hombre dentro del matrimonio.

 · **Magaret Fuller (1810- 1850)** Se dedicó a organizar a las mujeres a las que les era negado el acceso a la educación superior. Su obra *"Las mujeres del siglo XIX"* habla sobre la desilgualdad entre sexos y la necesidad de acabar con todo lo que le oprimía.

· **Nilita Vientós Gastón (1903- 1989)** De mi isla Puerto Rico del pueblo de San Sebastián, fue la primera mujer en desempeñarse como abogada en el Departamento de Justicia donde llegó a ocupar el cargo de Procuradora General Auxiliar de Puerto Rico. Fundó y dirigió la revista *"Asomante"* (1945) y también la que llamó "Sin nombre" (1965). En este mismo año consiguió que el Tribunal Superior de Puerto Rico determinara que todos los procesos judiciales en el país debían tramitarse en el idioma español.

‑Incidente del 1908‑

Muchas otras mujeres colaboraban para sus derechos, tanto como a votar, como estudiar, como enseñar, ser parte del desarrollo de la sociedad, entre muchas otras. Hasta que llega un día que marca la historia del trabajo en el mundo entero. Cuenta la historia en el año 1908, donde 129 mujeres murieron en un incendio en la fábrica Cotton, de Nueva York, E.U, luego de que se declararan en huelga con permanencia en su lugar de trabajo. Este motivo se debía a la igualdad de salario en las actividades laborales y por las malas condiciones de trabajo que ejercían. El dueño cerró las puertas del edificio para que las mujeres desistieran y abandonaran el lugar. Sin embargo, el resultado fue la muerte de las obreras que se encontraban dentro de la fábrica.

Ese mismo año, el 3 de mayo, se realizó un acto por el dia de la mujer en Chicago, para que el 28 de febrero de 1909, en Nueva York, se conmemore por primera vez el *"Dia internacional de la mujer"*. Con este antecedente un año después en 1910 se desarrolló la segunda Conferencia Internacional de mujeres socialistas y por moción Clara Zetkin, líder del levantamiento de las 20,000 se proclamó oficialmente el 8 de marzo como el día internacional de la mujer trabajadora, como homenaje a las mujeres caídas en huelga de 1908. Más adelante en el 1977, la Asamblea General de la Organización de las Naciones Unidas (ONU) designó oficialmente el 8 de marzo el Día Internacional de la Mujer.

La Biblia no esconde esta realidad de mujeres que lucharon por derechos. Desde el libro de Números capítulo 27 podemos ver a las hijas de Zelofehad pidiendo por un derecho. En estos tiempos las mujeres dependían de los hombres para casi todo por no decir que para todo. La bendición era para los hombres y por esto toda mujer deseaba tener un hijo para que pudiera darle honor a la familia y darle su herencia. Pero en este capítulo de Números, este hombre no tuvo hijos, pero tenía hijas. Entonces estas mujeres llevaron su causa ante Moisés y dice el relato que cuando este ora, Dios le responde que estas mujeres tienen razón y que debían darle lo que le pertenecía por heredad. Significa que hasta la propia Biblia resalta que las mujeres no siempre tuvieron los mismos beneficios que los hombres.

Por último quisiera hablarles de lo que ha llegado a suceder en este 2020 en los Estados Unidos, un hecho histórico, y es que por primera vez una **mujer negra**, es vicepresidente en esta nación. Su nombre es Kamala Harris de 56 años, hija de madre india y padre jamaicano. Desde sus primeros días de infancia se le enseñó que el camino de la justicia racial sería largo. Pero el hecho de que haya ascendido al más alto liderazgo del país fue por su extraordinario  desempeño en su carrera política. Después de grandes obstáculos hoy día es esa fuerza, esa lucha de toda su vida, la que la ha llevado a donde está hoy. Indiscutiblemente sea una mujer de fe o no, lo que quiero evidenciar aquí es el hecho de que los espacios que antes era únicamente de hombres, donde la mujer no tenía derecho de estar, hoy día pueden ocuparlo. Esto abre un paso más a la libertad y el derecho que tiene todo ser humano, sea hombre o mujer.

-Hablamos de Redención *pero no redimimos a la mujer*-

Cuando hablamos de rendención en ocasiones limitamos su significado, el cual es restaurar todas las cosas como en el principio, traer libertad y salvación. También habla de una acción de redimir, salvar, rescatar a alguien, dar por terminado un castigo o liberar algo que estaba hipotecado. Para esto quisiera hablarles de cómo Jesús redimió a la mujer y quiero comenzar con el pasaje de (*Mateo 19:1- 8 RVR60*). Aunque Jesús está enseñando sobre el divorcio, nos enseña de cómo la redención involucra también a la mujer como al hombre. La pregunta que le hacen en el versículo 3 es de vital importancia para entender la liberación que Jesús quiere traer, *¿Es lícito al hombre repudiar a su mujer por cualquier causa?* Otras versiones por repudiar dicen divorciarse o separarse, de modo que la pregunta responde a un contexto donde le daban carta de divorcio por cualquier cosa a las mujeres y como era de esperarse le preguntan a Jesús para ver si él consentía esa conducta. Lo que ellos pensaban que era una trampa, en realidad era una preparación para traer libertad, (redención). La respuesta en los versículos 4 al 8 nos enseñan cuatro principios:

1. **Al principio fueron creados varón y hembra**. En ese idioma hebreo la palabra "hombre" es Adan,

y en (*Génesis 1: 27 RVR60*) habla de humanidad, incluyendo así a la mujer como al hombre.

2. **Dejará a padre y madre y se unirá a su mujer**. La cultura de estos tiempos enseña que la mujer se debía a su padre y en el caso de que se casara, a su esposo. De casarse debían vivir en la casa de los padres del hombre y ser gobernada por su suegro y esposo. Pero Jesús apela a un principio donde esto no aplica, porque dice dejará a padre y madre para unirse a su esposa y vivir una vida de amor y libertad.

3. **Serán una sola carne y lo que Dios une no lo separe hombre**. De nuevo Jesús pone en perspectiva un principio poderoso sobre la igualdad, y es que ahora ambos serán una sola carne, convirtiéndolos en iguales, donde ninguno es mejor ni menos que otro ante los ojos de Dios. Y como si fuera poco, ahora en Cristo no habrá porque dar cartas de divorcio por cualquier cosa, **porque quien ama no abandona**. De alguna manera Jesús estaba dándole valor a la mujer, cosa que los hombres, ni la cultura hacían.

Jesús termina con la mayor declaración de redención, de libertad y de restauración cuando dice, *"pero al principio no fue así"*. Muchos otros pasajes son los que por mucho tiempo han usado para oprimir las mujeres, a lo largo de la historia bíblica podemos darnos cuenta que desde Génesis, la culpa de todas las desgracias del hombre es la mujer. (*Génesis 3:12 RVR60*) Adán según el relato culpa a la mujer de su propio mal, siendo aquí la mujer víctima del androcentrísmo y del patriarcado disfrazado de machismo. El reconocido

> *"Y el hombre respondió: La mujer que me diste por compañera me dio del árbol, y yo comí"*
>
> *Génesis 3:12 (RVR60)*

personaje por muchos como el "*sabio*" Salomón, en sus días finales termina adorando dioses ajenos y la culpa en el texto volvemos a ver que la tienen las mujeres, (*1 Reyes 11:4*).

> *"Y cuando Salomón era ya viejo, sus mujeres inclinaron su corazón tras dioses ajenos, y su corazón no era perfecto con Jehová su Dios, como el corazón de su padre David"*
>
> *1 Reyes 11:4 (RVR60)*

Juzgamos a las mujeres del texto bíblico por haber sido rameras o prostitutas pero olvidamos que ellas no tenían muchas opciones, ellas dependían de un hombre donde por eso anhelaban muchas de ellas casarse para asegurar su futuro. Un gran ejemplo de esto podemos verlo en el pasaje de la mujer que irrumpió en la casa de un fariseo donde estaba Jesús, (*Lucas 7: 36- 50*). Muchas cosas pasaban en esta escena empezando del problema mayor, era una mujer ramera o conocida con mala reputación. Adicional a este problema, entra a una reunión de judíos que se identificaban por ser hombres "íntegros" o "intachables". Una mujer no podía como bien dije al comienzo, compatir o simplemente hablar con un hombre porque se prestaba para creer que habían otras intenciones y peor aún si era conocida como una pecadora. Fácil era juzgarla, pero nadie podía comprender todo lo que la había llevado allí. Jesús no solo le enseña a la mujer sino que también a los fariseos sobre el <u>amor</u>, el <u>perdón</u> y la <u>misericordia</u>. Mientras los fariseos veían a una mujer pecadora, Jesús estaba viendo a una mujer necesitada de perdón. La pregunta que nos invita hacernos esta escena es ¿Verdaderamente vemos lo mismo que está viendo Jesús? La mujer nos enseña la carencia que tenía de ser aceptada o amada, cosa que en ocasiones carecemos todos.

Otra mujer que muchos utilizan para sus sermones o predicaciones es otra que no tiene nombre; *"la mujer adúltera" (Juan 8: 1- 11)*. Este pasaje responde a la ley donde ellos citan a (*Levítico 20:10),* donde dice claramente que donde encontraran a dos en adulterio <u>ambos</u> serían condenados a muertes, el detalle es que aquí solo se trajo a una mujer. Podemos dar por cierto que cometían adulterio

"Si alguien comete adulterio con la mujer de su prójimo, se condenará a muerte tanto al adúltero como a la adúltera"

Levítico 20: 10 (DHH)

ya que la mujer no lo niega, lo cierto es que aunque la mujer hablara ante los fariseos, el testimonio que diera ella, no sería escuchado por ser mujer. Pero Jesús le da la oportunidad de hablar y comienza haciéndole una pregunta; ¿Dónde están los que te acusan? apelando a un diálogo con ella. Cuando hablemos de redención jamás olvidemos a las mujeres, porque un hombre abrió la puerta para que la mujer tuviera libertad e igualdad, ese fue Jesús.

-No todo fue Martín Lutero o Juan Calvino-

Quisiera resaltar un hecho bien importante en lo que fue la **Reforma Protestante**. Un tiempo de renovación, de cambios y de muchos desafíos. Lo curioso es que al leer "reforma protestante" automáticamente la gente piensa en dos personas; Martín Lutero y Juan Calvino, que sin duda fueron grandes protagonistas sobre lo que fue la reforma y su desarrollo pero olvidamos parte de esa historia. Todo movimiento para que dure, deben haber personas que lo sigan promoviendo y lo mantengan vigente. Por ello, no quiero hablar de Martín Lutero ni Juan Calvino, quiero hablar **de las mujeres que formaron parte de la reforma protestante** y siguieron aportando a la iglesia a reformar, cambiar, innovar y como si fuera poco, volver a la Biblia. Si aún no has leído sobre la Reforma Protestante, te invito a buscar información, por el momento yo me limitaré en presentarte las mujeres que fueron parte de este gran movimiento que cambió el rumbo de la iglesia católica y lo que es la iglesia protestante.

Quisiera comenzar con **Katharina von Bora**. Nada más y nada menos que la esposa de Martín Lutero. Se le llamaba Doctora Lutero y había sido una de las monjas a las que él mismo había ayudado a huir del convento donde estaba. Estuvo muy implicada en la vida intelectual de su época y era participante de las tertulias teológicas que celebraban en su casa con otros reformadores. Se recuerda por su carácter de emprendedora, además de por estar detrás de la impresión de lo que fueron las obras de Martín Lutero y sus 95 Tesis.

Otra mujer que se destacó lo fue **Marie Dentiere**. Se trata de una monja muy implicada en la vida política y religiosa de la ciudad Ginebra. Predicó contra el celibato y participó activamente en el cierre de conventos femeninos. Es autora de la una carta y obra dirigida a la entonces reina Margarita de Navarra en la que expresaba su rechazo a los roles que se daban a la mujer en la Reforma Magisterial, basados en un papel de esposa sumisa. Dentiere defendió la igualdad de mujeres y hombres en la capacidad de interpretar las Escrituras y de reflexionar teológicamente. **Sus opiniones y argumentos indignaron a protestantes católicos y sus textos fueron prohibidos**.

Katharina Zell. Se consideró a sí misma como "madre de la Iglesia" y durante una guerra ayudó a cientos de víctimas y en su texto comentado "el Padre nuestro" comparó a Dios con una madre que conoce los dolores del parto, exigió el diaconado para la mujer y reivindicó la participación pública de las mujeres reformadoras. **Sin embargo, debía firmar algunos de sus escritos con el nombre de su marido, Mattaus Zell, como pseudónimo para evitar la censura.**

Argula von Grumbrach. Fue la primera mujer que se atrevió hacer una defensa de Lutero, ante el desconcierto de los inquisidores. En 1523 escribió al cuerpo académico de la Universidad de Ingloldsadt para defender a Alsacius Seehofer, joven de 18 años arrestado por ser luterano. Se atrevía a desafiar a sus autoridades eclesiásticas y civiles, incitando a leer libros en contra de la iglesia católica y de sus abusos. De Argula decían que ella defendía a Cristo ya que los inquisidores lo habían reemplazado por Aristóteles, y tuvo desacuerdos con cartas como la de Pablo cuando manda a silenciar a las mujeres en la iglesia.

Juanna de Albret. Siguiendo los pasos de su madre y bajo sus auspicios se llevó a cabo la traducción de Nuevo Testamento, rompiendo así con el catolicismo. Fue excomulgada por el papa y se declaró protestante diciendo que la Reforma era oportuna y necesaria, tanto que pensaba que sería una cobardía y deslealtad a Dios dejar que el pueblo permaneciera en un estado de suspenso e indecisión.

Dicho todo hasta aquí, quisiera aclarar que hoy día conozco personas que son católicos y son buenas personas, conozco de amigos y familia que lo son y no practican nada de lo que antes se hacía. Es importante aclarar este punto, porque muchos creyentes piensan que los católicos todos son iguales y esto no es realmente cierto. Pero cabe destacar que en esos tiempos pues la iglesia católica no supo bregar con las opiniones o diferencias de la forma más saludable posible, de hecho, manipulaban la Biblia e hicieron mucho daño. Por eso se divide y los protestantes tomaron ventaja de ello, donde hoy día existe mucha iglesia de posturas distintas y con sus dogmas. Muchas mujeres más podríamos mencionar pero quisiera dejarles con estas, de forma que puedan **profundizar** y encontrar por ustedes mismos esta gran verdad de mujeres que también marcaron la historia y no son tan mencionadas.

-La mujer y la Cristología-

"Cristología es la rama de la teología que estudia sobre Cristo. En la Cristología se trabajan tanto su obra como su persona"

La Cristología es importante para las mujeres porque en Jesús no existen esas jerarquías y desigualdades que hoy vivimos o experimentamos. Hoy día tenemos una iglesia que afirma que la encarnación de Dios en Jesús es una buena noticia, esa noticia de salvación para todos, sean judíos, griegos, esclavos, libres, hombres y mujeres, (*Gálatas 3:28*) pero en nuestra práctica aún no se materializa. Este discurso de Pablo tan radical y lleno valentía, todavía no se entiende en nuestros círculos de fe. La mujer ha sido a lo largo de los tiempos, seriamente discriminada por la comunidad cristiana, no solo a nivel ministerial, sino también y sobre todo a nivel teológico. Como bien le he citado anteriormente, la mujer es víctima de todo el pecado del hombre. Es ella la culpable de ser mujer y no hombre, y la iglesia con su interpretación la ha descalificado a pocisiones y tareas porque según muchos, no es apta, ni llamada por Dios para ello.

Una de las cosas que deberíamos diferenciar sería **nuestra experiencia con Jesús** y **nuestra percepción sobre Jesús**. En ocasiones vemos la diferencia cuando contamos nuestra experiencia de conversión versus lo que después son nuestras posturas teológicas. Entonces, podríamos hacernos una pregunta; ¿Hasta qué punto estamos dispuestos a experimentar una verdadera libertad en Jesús sin nuestros lentes cargados de prejuicios? Para poder tener una repuesta antes de opinar, deberíamos leer a Jesús, leer lo que enseñó, sin dejar nada aunque no estemos de acuerdo. He visto que posturas patriarcadas aún están bien marcadas en nuestra sociedad, cosa que es descabellada, ya que nosotros no tenemos esa misma cultura del actual medio Oriente, pero lo más que me alarma es ver como propias mujeres defienden a ese patriarcado, donde ellas mismas se niegan a creer que pueden servir a Dios sin tener que cumplir con dichas demandas. El problema también es ver una sociedad tan machista y tan arraigada que las mismas mujeres terminan creyéndola y aceptándola. Pero cuando vemos a ese Jesús sin nuestros prejuicios como les dije, podemos ver a un hombre que vivió en sintonía con las mujeres de su tiempo, y que fundó una comunidad donde cada mujer era bienvenida e integrada, en otras palabras, tenían parte.

Como bien he dicho anteriormente quisiera resaltar según la propia Biblia, las mujeres en el tiempo de Jesús y posteriormente en tiempo de los apóstoles.

· (*Lucas 10:38 – 42*) En estos pasajes podremos ver **discípulas** a los pies de Jesús. Todo niño criado a los pies de un maestro, era considerado un discípulo. En este caso quien estaba a los pies de Jesús no era un niño, era una mujer, su nombre era; María la hermana de Marta.

· (*Hechos 21: 9*) Aquí muestra la evidencia de mujeres profetas, hijas de Felipe. Profetizar tenía connotaciones de personas que predicaban, de modo que habían mujeres **predicadoras**.

· (*Juan 4: 1- 42*) En estos versículos vemos otra predicadora que después de hablar con Jesús y de vivir una vida escondida por su situación, va por toda la ciudad predicando y gritando sobre un hombre, sobre aquel hombre que le habló, (cosa que no se podía) pero ella arriesgó toda su reputación o burla por anunciar sobre ese hombre. Y al principio quienes no le creyeron (cosa que era normal, porque el testimonio de una mujer no era creíble) al verlo con sus propios ojos, creyeron.

· (*Romanos 16: 3 y 7*) Estos dos versículos muestran las evidencias de mujeres que estuvieron con Pablo ejerciendo el apostolado junto a él. Donde no solo reconoce a mujeres, sino que las exalta por el gran trabajo apostólico que tuvieron con y antes que el. *"Saluden a Andrónico y a **Junia**, que son judíos como yo, y que estuvieron en la cárcel conmigo. <u>Son apóstoles bien conocidos, y llegaron a creer en Cristo antes que yo"</u> Romanos16:7 (TLA)*

Ahora podemos ver que aunque las mujeres en este tiempo eran inferiores y menospreciadas por muchos hombres y hasta por la propia sociedad, ya sea porque no podía circunsidarse y por sus procesos biológicos como algo inmundo, adicional que era culpable de todo lo que le sucedía a los hombres, donde podemos verlo desde Génesis con Eva hasta nuestros días, pero aún así vemos mujeres que se destacaron y fueron honradas por los propios hombres en una época que no era común. **Podemos ver que en un estudio profundo sobre la persona de Jesús (cristología) es imposible no hablar sobre las mujeres. Jesús le devuelve la voz a la mujer, Jesús redime a la mujer, Jesús le da oportunidad en su reino a las mujeres, y las posiciona en lugares que por años la religión y las malas interpretaciones la excluían.**

Con esto quisiera evidenciar, cómo opiniones e interpretaciones de muchos pensadores, llegaron a marcar la iglesia a estas posturas y que posteriormente fueron adoptándola hasta nuestros días. Algunos de esos que podría mencionar llamados como Padres Apostólicos o los primeros maestros de los primeros siglos de la iglesia primitiva son:

- **Tertuliano**. Veía a las mujeres como la "puerta del demonio" y como la "primera desertora" de la ley divina.
- **Clemente de Alejandría**. Señala que la mujer debe cubrirse de vergüenza cuando piensan "de qué naturaleza está hecha"
- **San Agustín.** Exhorta a superar lo que es humano, concentrado en lo que se entiende por "femenino"

· **Tomás de Aquino.** Decía que no era posible encontrar en el sexo "femenino" ninguna eminencia o grado significativo porque el estado natural de la mujer es la subordinación, ella solo puede aprender a obedecer lo mandado.

Frente a estas declaraciones la iglesia se enfrenta, pero estas posturas no debemos adoptarla nosotros porque otros la pensaron así. Primero que no es la misma cultura, segundo, ya ese movimiento machista y patriarcado (androcentrista) ya no se vive en muchos lugares, y cuando vemos la Biblia según su cultura y contexto podemos aprender a diferenciar lo que sí podemos prácticar y lo que no. Insisto, la iglesia predica de redención pero sigue oprimiendo a algunos grupos entre los cuales las mujeres son uno. En el libro de (*Lucas 4: 18 RVR60*) declara la esencia principal del mensaje de Jesús.

"El Espíritu del Señor esta sobre mí, por cuanto me ha ungido <u>para dar buenas nuevas a los pobres</u>; me ha enviado <u>a sanar a los quebrantados de corazón</u>; <u>a pregonar libertad a los cautivos</u>, y vista a los ciegos, <u>a poner en libertad a los oprimidos</u>..."

El Comentario Bíblico Contemporáneo nos dice que ésta expresión no es tan simple como muchos creerían y nos ofrece cuatro puntos a considerar. **Número uno**, Jesús aplica las palabras de (*Isaías 61: 1-2 RVR60*) Donde vemos a Dios apelando a las acciones y beneficios de los seres humanos, sean enfermos, publicanos, samaritanos, etc, porque para Dios somos personas y no nos distingue una ciudadanía o el color de piel. **Número dos**, este pasaje esta conectado con el año de Jubileo, año donde el pueblo celebraba la liberación, dando paso a una nivelación social, donde se saldaban cuentas, se perdonaban deudas, se recuperaban tierras y los esclavos eran liberados, (*Levítico 25: 1- 55 RVR60*). **Número tres**, estas declaraciones de Jesús alcanzan toda dimensión social, política y económica relacionándola con la liberación de las personas que se encuentran en situaciones de opresión e indefensión, es decir, "falto de defenza" "falto de ayuda" o que "necesita protección" El término de "pobres" que vemos aquí, como se traduce del Hebreo al Griego hace referencia a "los desprovistos de lo que es necesario para vivir. **Número cuatro**. Aparecen en estos pasajes las dos notas claves del Evangelio de Lucas; *El amor inclusivo de Dios, y sus buenas nuevas de salvación para quienes más las necesiten; los marginados de la sociedad.*

Siendo entonces el año de Jubileo (fiesta judía) y Jesús apela con este discurso a ella, utilizando el pasaje del profeta Isaías, **responde a que ese día agradable, ese día de salvación y liberación llega con Jesús.** Una vez una persona se encuentra con Jesús, este es su día de Jubileo. Ya que los pobres, los marginados, los oprimidos y cualquiera que tenga alguna condición es integrado a ese reino, se preocuparán unos de otros y esto ya no nos convierte en personas hipócritas. Porque no solo predicamos del amor de Dios, sino que vivimos ese amor con otros, con los más que lo necesitan. El mensaje de Jesús es un mensaje de inclusión.

Hablemos de inclusión tomando por el ejemplo el texto de (*Lucas 8: 1-3 DHH*)

"Después de esto, Jesús anduvo por muchos pueblos y aldeas, anunciando la buena noticia del reino de Dios. Los doce apóstoles lo acompañaban, ² como también algunas mujeres que él había curado de espíritus malignos y enfermedades. Entre ellas iba María, la llamada Magdalena, de la que habían salido siete demonios; ³ también Juana, esposa de Cuza, el que era administrador de Herodes; y Susana; y muchas otras que los ayudaban con lo que tenían"

Ya había mencionado según la cultura que las mujeres para ser dignas, ya sea por la sociedad o por sus familiares, debían tener una vida bien retiradas, bien cultas, y en el peor de los casos, escondidas sin salir de su casa. Si tomamos en cuanta la evidencia de este texto, el ver mujeres caminando con Jesús y sus discípulos, adicional a que aportaban con sus bienes, muchas preguntas son las que pudiéramos hacernos:

· ¿Estas mujeres seguidoras de Jesús habían abandonado su casa?
· ¿Qué pensarían sus familiares?

- ¿Qué pensaría la sociedad?
- ¿Serían criticadas?
- ¿Afectaría esto la credibilidad de Jesús?
- ¿Las mujeres y los doce estaban en un mismo rango?
- ¿Por qué hablamos únicamente que Jesús estuvo solo rodeado de los doce, si el texto confirma que muchas mujeres también iban con él?

Para una mujer caminar con hombres como movimiento en una cultura como esta, era un estigma social, moralmente indigno, pero Jesús al aceptar mujeres en su movimiento sin prejuicios culturales, enseña que la moral no se determina por estar dentro o fuera de casa. Para las mujeres, aquí hay una buena noticia, y es que la clave de la vida no está en la pauta social, ni lo que diga o piense alguien, sino que está en el <u>seguimiento a Jesús</u>. Es Jesús quien le da libertad a la mujer pero también valentía para enfrentar la crítica y ese prejucio social. Los discípulos experimentaron cómo la salvación por medio de Jesús se manifestaba <u>en todas las dimensiones de sus vidas</u>. Ese evangelio que es Jesús, la buena noticia que el mundo necesita, debe materializarse precisamente en todas nuestras áreas de vida, de otra manera nuestra evangelización estaría incompleta.

Cuando hablamos de cristología y su redención no podemos entonces dejar las mujeres fuera del asunto. Hoy día las mujeres se enfrentan a una cultura dominante y muy demandante donde si no se ve como muchos quieren, es excluida de muchos círculos de fe. Lo curioso de este asunto es ver aún tanto machista y religioso pensando que por no ver en mujeres el tipo de peinado o el tipo de vestimenta tradicional, las condenan, las pintan de inmundas o mundanas y las excluyen de sus círculos. De esta manera solo demuestran una sola cosa, que aún no han entendido el concepto de redención. Con esto no quiero decir que una mujer o hasta un hombre deba vestirse de una forma deshonrosa, no estamos hablando de eso, la Biblia si menciona que hay una forma y esa forma es con decoro. Pero cuando hablamos de decoro no estamos hablando únicamente de ropa, estamos hablando de **actitud**, de **comportamientos adecuados** en medio de una sociedad que nos mira y nos lee.

En muchos lugares a nivel global, muchos son los creyentes que no adoran como nosotros, que no visten como nosotros, que no predican como nosotros, y por eso no debemos de excluirlos de círculos de fe. De hecho en muchos lugares para poder llevar el mensaje de Jesús en necesarios comer y vestir como lo hacen en dicha cultura para poder alcanzarlos, o al menos para que nos escuchen. De esta forma yo solo quiero abrir caminos, dejar de creer que debe ser como lo enseñaron y analizar la Biblia de forma crítica y responsable, haciendo buen uso de ella. En ocasiones muchos son los amigos que no quieren acercarse a Jesús y menos a una iglesia por conductas machistas o por interpretaciones erradas en las mujeres en la mayoría de las ocasiones. En la cristología podemos ver a las mujeres no solo en el comienzo del ministerio de Jesús sino que también las vemos al final de su ministerio. Veamos un recorrido de los evangelios, primero vemos en Mateo que eran dos mujeres, María Magdalena y la otra María, según Marcos eran tres mujeres, María Magdalena, María la madre de Santiago y Salomé. Según Lucas eran muchas, María Magdalena, Juana, María de la madre de Santiago y las otras mujeres. Y en el libro de Juan solo menciona a María Magdalena.

Podemos ver diferentes ópticas, diferente información donde lo grande de todo no es cuántas mujeres habían, sino que fueron mujeres las que estaban allí y nunca dejaron a Jesús desde que lo siguieron en Galilea. A pesar de sus tristezas por el escenario de Jesús en la cruz y de cómo murió, ellas estaban allí, madrugando en la tumba y fue donde sucedió lo grandioso **del inicio de la evangelización y el apostolado**. Fue cuando Jesús se encuentra con ellas y les dice que vayan y den las buenas nuevas de resurreción a los demás hermanos en la fe que él se encontraría con ellas allá. Los textos paralelos dicen que no le creyeron, de hecho lo triste no es simple eso, sino que Lucas menciona que las palabras de ellas eran como una locura para ellos, *(Lucas 24: 11, Marcos 16: 11).* Era normal ver la actitud de estos hombres ya que pertenecían a una cultura muy rígida donde aún todavía estaban siendo formados por Jesús. Lo que no podemos callar, es la evidencia de mujeres que Jesús envió, de mujeres que Jesús aceptó, de mujeres que Jesús liberó de la opresión de una sociedad patriarcada y de una opresión religiosa.

Mateo 28: 10 (RVR60)

"Entonces Jesús les dijo: no temáis, id, dad las nuevas a mis hermanos, para que vaya a Galilea y allí me verán"

Significa que no podemos hablar de misión, de evangelismo de apostolado, de pastores, de líderes entre otras muchas funciones, sino incluimos a las mujeres en ellos. La mujer siempre fue una protagonista, siempre se atrevió por la causa de Jesús a ir más allá de los estereotipos o de los prejuicios de la sociedad. **Pero todo lo hizo por un encuentro con Jesús**, precisamente es lo que provoca un encuentro con él. Empodera a la gente de valentía, y lo que antes no se atrevía hacer, en Jesús nos llenamos de valor y lo hacemos. Entonces este hombre que incluye a las mujeres en ese reino, donde todos son iguales, da un choque contra el patriarcado de su época. Entonces la cruz muestra un símbolo contrario al poder dominador masculino, muestra más bien el **poder derramador de un amor abnegado**, es decir que se sacrifica o renuncia a deseos propios. Creemos que la Biblia contiene la palabra de Dios, creemos que en ella alcanzamos liberación, redención y salvación, pero tengamos cuidado porque aunque tengas estos elementos importantes, de igual manera puede usarse para herir, para oprimir, para deshumanizar, para condenar, entre otras muchas cosas más.

Para no caer en estos errores de interpretación, debemos entonces hacer el proceso **hermenéutico** y **exegético** para dar una interpretación saludable a nuestro tiempo. Que nuestra base sea el amor, la empatía y el respeto mutuo, que nunca se nos olvide que nosotros también somos humanos, que el mundo necesita de creyentes empáticos con sus vivencias cotidianas, de no ser así, nuestra vida y nuestro mensaje será uno que no conecte con nadie.

III. Reflexiones Bíblicas para aprender, predicar y/o enseñar.

(Con una respuesta teológica a nuestro tiempo)

"Nadie predica bien su sermón a otros, si no se lo predica primero a su corazón"

John Owen

"Entre tanto que voy, ocúpate en la lectura, exhortación y enseñanza"

1 Timoteo 4: 13 (RVR60)

-La presencia de Dios escondida-

Marcos 15: 38 (RVR60)

"Entonces el velo del templo se rasgó en dos, de arriba abajo"

En tiempos antiguos la presencia de Dios siempre fue custodiada por hombres, en este caso Levitas que se encargaban de llevar lo que conocemos como el arca del pacto que era aquella caja de oro con dos ángeles de frente que se ubicaba en el lugar santísimo del tabernáculo. Debemos entender los diferentes procesos que se debían hacer para llegar a ese lugar. Primero se entraba a la puerta de la entrada, después la ofrenda de animal que se llevaba era sacrificada para el perdón de los pecados, después se pasaba a lo que era el lavacro, donde los Sacerdotes se lavaban de la sangre, para entrar a la primera parte del lugar del tabernáculo que era el lugar santo. Pero después de ese lugar santo, se encontraba una cortina que dividía del lugar santo al lugar santísimo, donde estaba la caja de oro, el arca del pacto, que se creía que cargaba que la misma presencia de Dios.

De modo que no era tan fácil entrar a la presencia de Dios, porque estaba **escondida**. Esta tradición la hacían los judíos año tras año, ya que el sacrificio tapaba el pecado pero no podía quitarlo, *(Hebreos 10: 1- 4 DHH).*

La gente comenzó a ver a Dios como uno transaccional, uno que necesita algo de mi, para poder darnos algo de él. Este tiempo es igual, aún se piensa de esta forma y olvidamos el Dios de gracia, que da sin medidas, que da, porque desea y ama. Se enseña en teología que el Antiguo Testamento era sombra o tipo de Jesús. De modo que algo debía pasar porque, que la presencia de Dios estuviese escondida no era el plan o el propósito a largo plazo. Es allí donde Jesús, mientras está en la cruz y dice consumado es, que muere, dice que el velo se rasga de arriba abajo, y de esta forma se **libera** la presencia de Dios. De estar escondida detrás de una cortina, con la muerte de Jesús, la presencia se exparse, se libera. De esta manera entendemos el por qué se rasga el velo, porque ahora la presencia no estará escondida en una caja y detrás de una cortina, ahora estará en nosotros y nosotros la llevamos a otros.

Por mucho tiempo se ha creído que la presencia de Dios solo habita en el templo, de esta forma muchos de los amigos también lo han creído así. De hecho cuando he invitado a mis amigos al templo, ellos van con reverencia y respeto, porque asumen que allí esta la presencia de Dios. Pero gracias a el sacrificio de Jesús, la presencia no está en un lugar y escondida, más bien se desplaza entre nosotros porque es un Dios onmipresente. De entender esta realidad, sabremos que Dios no solo está en el templo, sino que está en casa, en nuestro trabajo, y en donde sea que vayamos. Ya la presencia no está manipulada o custodiada por hombres como en el tabernáculo, y de creer aún que la presencia está únicamente en un templo, Dios con esta reflexión quiere romper con esa caja, quiere rasgar el velo para que la presencia fluya, se desplace y transforme a otros. No escondas la presencia de Dios en tu vida, ya que otros la necesitan.

¿Qué aprendimos?

-La prosperidad de otros-

Salmos 73:2-3 RVR1960

"En cuanto a mí, casi se deslizaron mis pies; Por poco resbalaron mis pasos. Porque tuve envidia de los arrogantes, Viendo la prosperidad de los impíos."

El Salmo lo escribe Asaf, levita y director de música en el templo y también se le llamó profeta. Podemos ver que aunque gozaba de dichos privilegios siendo levita, músico y profeta, esto no quitaba su humanidad. Sentía y padecía como uno de nosotros. Un indicativo para saber que hemos puesto nuestra mirada en los hombres es precisamente cuando nos sucede lo que le pasó a Asaf. Por un momento dejó de mirar a Dios, y puso su mirada en los hombres, y cuando esto sucede comienzan hablar de lo que hacen los hombres y dejamos de hablar de las cosas que hace Dios. Asaf no era un súper héroe, no era robots, era un hombre con sentimientos como nosotros, con frustraciones como nosotros y cuando ve la prosperidad de la gente de afuera, casi resbalaba porque dejó que entrara en su corazón la *envidia*. El agotamiento ministerial o el agotamiento cotidiano pudo haber sido la causa de su desvío, tanto así que pensaba que su integridad sería premiada con prosperidad, (v.13-14) .

Pero hubo un detonante, hubo un cambio después de su reflexión y fue que cuando entra en el santuario, en el templo de Dios o en la presencia de Dios, dice que comprendió, entró en razón y recapacitó. Entrar en el templo tiene indicación de que la presencia de Dios transformó su pensamiento. Es donde dice que haber pensando así, fue muy ligero y tonto de su parte (v.22). Demostrando que toda esa prosperidad no es sinónimo de felicidad ni es un premio de nuestra integridad. De Asaf aprendemos que la envidia es mala, que la prosperidad no necesariamente es un premio de nuestra santificación y que lo más probable una persona con muchas riquezas, no encuentre su felicidad. Dios nos invita a su presencia para que podamos comprender muchas cosas que son prioridad por encima de otras.

¿Qué aprendimos?

-Todo llamado de Dios tiene un (para)-

Hechos 13:2 RVR1960

"Ministrando estos al Señor, y ayunando, dijo el Espíritu Santo: Apartadme a Bernabé y a Saulo <u>para</u> la obra a que los he llamado."

Dios no hace algo por simplemente hacerlo. Todo lo que hace, lo hace "**para**" algo. Se llama <u>PROPÓSITO</u>. Cargamos con un propósito que estuvo en la mente de nuestro Padre desde antes de la fundación del mundo. Creó Dios los cielos, la tierra, la naturaleza y los animales porque ya tenía en mente crear al ser humano "<u>para</u>" que disfrutara de su creación. Saulo siendo un hombre perseguidor de los cristianos, pensando que hacía lo correcto, tiene un encuentro con Jesús y fue escogido para una tarea específica cuando fue llamado. <u>Significa que no hay llamado sin propósito.</u> Miles de ejemplos podría darles de la Biblia sobre este asunto;

· Dios llama a Abraham <u>para</u> hacerlo Padre de multitudes (su mujer era estéril)
· Dios llama a Moisés <u>para</u> liberar al pueblo de la esclavitud
· Dios llama a Jeremías <u>para</u> darle un mensaje a su pueblo de rendición
· Jesus llamó a sus discípulos <u>para</u> hacerlos pescadores de hombres

- Saulo que fue llamado igualmente, su propósito fue ser el apóstol de los gentiles

Hoy día tenemos personas que no saben para que cosas han sido llamados, no por falta de búsqueda, pero si por costumbre e indiferencia. Cuando reconocemos que somos salvos por gracia, nuestra vida es una que se debe dirigir a saber que tengo que hacer para la obra. Quien no lo hace, simplemente esta siendo egoísta de lo que ha recibido de Dios. Ese Saulo que habla el texto, daba hasta su propia vida por evangelizar, por llevar el mensaje de Jesús por todo los lugares que iba. En Romanos 1: 14-15 muestra su (para qué) en Dios diciendo que era deudor del mundo, porque había recibido algo de Dios que debía dárselo a otros. No importa si es en arte, en servicio, en consejería, magisterio, no importa si es con dramas, con comedia cristiana, no importa, lo que sea que Dios ponga en tu corazón, trabájalo, desarróllalo, porque al final nos pedirán cuentas por nuestro talento o don que tuvimos.

Un pasaje que me impactó desde que lo leí, me abrió la mente para entender estos asuntos de poder hacer las cosas como para Dios. Se encuentra en *(Éxodo 35: 30-35)*. En este pasaje podemos ver que Dios llena a unos hombres con inteligencia, sabiduría, aptitud, creatividad, entre otras, para llevar acabo el diseño del tabernáculo. Siempre nos enseñaron que en esto Dios no puede estar, sin embargo la propia Biblia nos enseña que si. Dios puede darnos **arte**, puede darnos **creatividad** para realizar su obra, puede darnos **sabiduría** para trabajar en ingeniería, en **diseño**, en obra de carpintería, en la **música**, con el único propósito de llevar a cabo su obra. De modo que si Dios no te pone límites para hacer algo, no te lo pongas tú. Otros no entenderán y criticarán tu forma. Las formas serán distintas, pero el fin será el mismo. *(1 Pedro 4: 10)* menciona que cada uno ha recibido un don y su deber es ministrárselo a otros. Bernabé y Pablo fueron llamados y apartados para funciones que aunque fueran distintas, su fin era el mismo.

No critiquemos la forma de otros, cada uno de nosotros tiene un molde distinto, y juzgar o criticar la forma de otro, me convierte en un acusador de la obra que Dios está haciendo en otros. No limitemos a Dios por nuestros prejuicios, ni por nuestros moldes, la experiencia de uno, no debe ser la experiencia de todo el mundo.

¿Qué aprendimos?

-Ocupándonos-

Lucas 2: 49 (RVC)

Él les respondió; ¿por qué me buscaban? ¿acaso no sabían que es necesario que me ocupe de los negocios de mi Padre?

Si alguna vez has tenido un billete de cien dólares, podrás recordar la imagen del hombre. Este hombre nos enseña algo bien significativo con referente a este tema. Este hombre llamado Benhamín Franklin. Alrededor de sus treinta años hizo una lista de trece virtudes y objetivos esenciales que quería desarrollar en su vida. Algunas de ellas eran:

1. Humildad
2. La industria
3. La moderación
4. Frugalidad (capacidad de ser ahorrativos)

Cada semana lograba construir su carácter con la lista de virtudes que quería desarrollar. Posteriormente se convierte en el gran líder que tanto se esforzaba a ser, tanto que participó en la redacción de la primera constitución de los E.U. Después sirvió de modelo en los billetes de cien. La pregunta que me gustaría hacer de modo introductoria a esta reflexión sería; ¿Tenemos un plan para convertirnos en el líder que Dios desea que seamos? Quisiera abundar, profundizar un poco más diciendo, que desearlo no es sinónimo de acción. Tristemente hoy día delegamos responsabilidades en otros que nos tocan a nosotros y en los peores de los casos se los delegamos a Dios mismo. Esto yo podría llamarlo indiferencia o desinterés. En esta reflexión yo no quiero enfocarme en decir lo que Dios hace, más bien de lo que debemos hacer nosotros.

En mi experiencia sobre este tema fue algo lento, pero descubrí mi don o talento, cuando pasaba tiempo con Dios, no solo eso, sino que en ocasiones la gente lo veía en mi. En los peores de los casos tenemos personas que saben cual es su don, pero no se ocupan en él. Pero una vez yo comprendí cuál era, me dediqué tiempo para desarrollarlo. En ocasiones vemos deambulantes que asumen que tenían un don, de hecho lo cargan todavía pero reconocen que no se ocuparon en él. Pero no solo los vemos en las calles, sino también en los templos, porque conocemos de gente que solo van al templo a gozarse, pero no se ocupan en lo que cargan de parte de Dios. Tomando el texto principal de Lucas, podemos aprender mucho hasta de Jesús cuando era un niño, porque aún siendo un niño Jesús nos enseña verdades y realidades cotidianas para poder desarrollarnos en lo que el cielo ha dicho que seremos.

Comienzo diciendo que Jesús aproximadamente se dice que tenía doce años e iba a celebrar su primera pascua. Sus padres como judíos dévotos bajaban a celebrar la fiesta que recordaba la liberación del pueblo judío. Sucede que después de la fiesta, de camino a su casa, asumían que Jesús estaba entre la multitud, pero se percataron que no era así y fueron de regreso a buscarlo. Es uno de los pasajes que muchos hablan sobre la respuesta de Jesús a su madre. Muchos dicen que fue una forma grosera, pero analicemos por parte la escena de este capítulo. En estas fiestas tenían por costumbre debatir o discutir cuestiones teológicas y estaban invitados todos los que quisieran escuchar.

En el versículo 40 y el 52 repiten algo que deberíamos ver con mucho cuidado y es que dice que Jesús tenía un <u>crecimiento integral</u>. Crecía en <u>sabiduría</u>, en <u>conocimiento</u>, en <u>gracia</u>, pero también en estatura ya que era un niño como cualquier otro. Quisiera detenerme y tratar de entrar en la cultura de ellos. Tener un hijo en estos tiempos era un reto y hasta un milagro, ya que no existía tanta medicina como hoy día y muchos bebés morían. Ahora, si sumamos esta realidad de su época, más la responsabilidad que tenía María no solo de cuidar a su hijo, sino que también ese hijo era el Salvador de la humanidad, era una grande responsabilidad. María tenía bien presente las palabras del ángel cuando le hizo la invitación.

Entonces la cosa se complica porque no solo era hijo, sino que era El Salvador y ella tenía doble responsabilidad como madre de cuidarlo hasta que llegara el día de su cumplimiento. Dicho todo esto, nos topamos con la respuesta de Jesús a su Madre cuando lo encuentran. Cito los textos 48 y 49; *"Cuando le vieron, se sorprendieron; y le dijo su madre: Hijo, ¿por qué nos has hecho así? He aquí, tu padre y yo te hemos buscado con angustia. Entonces él les dijo: ¿Por qué me buscabais? ¿No sabíais que en los negocios de mi Padre me es necesario estar?"*

Como podemos ver, Jesús no estuvo perdido, más bien quienes estuvieron perdidos fueron sus padres. Jesús siempre estuvo en el mismo lugar, estuvo en el templo y allí lo encontraron. El pasaje dice que lo hallaron con los maestros, escuchándoles atentamente y haciéndoles preguntas. Fue entonces donde surge la respuesta de Jesús hacia su madre. La versión Reina Valera Contemporánea me gusta como lo dice *"¿acaso no sabían que es necesario que me ocupe en los negocios de mi Padre?"* Podemos entender entonces que Jesús responde así porque ya tenía una conciencia de su misión y propósito en la tierra. Sus palabras indican una plena conciencia de su identidad como el Mesías. Jesús se iba a caracterizar como maestro, y para ello se ocupaba aprendiendo con los maestros como bien lo dice v. 47, 52. Esta enseñanza nos debe confrontar para retomar lo que Dios ha depositado y desarrollarlo al máximo para ser efectivos y cumplir con su obra. Esta lección nos desafía y nos hace unas preguntas; ¿Qué estamos haciendo con lo que Dios dijo que seríamos? ¿Estamos ocupándonos en ello? Jesús no se perdió, Jesús se ocupaba en su misión y propósito. Para aclarar entonces, los que pensaban que Jesús le respondió a su Madre de forma grosera sépase que el texto siguiente muestra la obediencia que le tuvo a sus Padres en toda su vida.

Para concluir, en (*1Timoteo 4: 13-15*) Pablo le enseña a Timoteo su hijo espiritual, que mientras él se pasaba de misiones, le encarga que se quede en un lugar ejerciendo la obra con el don que ha recibido pero algo que resalta en este versículo es lo siguiente y lo cito:

"Entre tanto que voy, ocúpate en la lectura, la exhortación y la enseñanza, no descuides el don que hay en ti, que te fue dado mediante profecía con la imposición de las manos del prebisterio. Ocúpate en estas cosas, permanece en ellas, para que tu aprovechamiento sea manifiesto a todos" La invitación es una sola, **ocúpate en lo que Dios te ha entregado.**

¿Qué aprendimos?

-La antesala de la cruz-

Mateo 26: 39 (TLA)

"Jesús se alejó un poco de ellos, se arrodilló hasta tocar el suelo con la frente, y oró a Dios; "Padre, ¡Cómo deseo que me libres de este sufrimiento! Pero no será lo que yo quiera, sino lo que quieres tú."

Esta reflexión la he sacado del libro reciente del Dr. Yattenciy Bonilla *"La miseria de la existencia humana"* Algunos otros comentarios de Barclay y otros comentaristas, pero estoy seguro que marcará nuestra vida para siempre. Quiero comenzar con una cita de Forsyth cuando dijo: *"Él no solo entendió perfectamente nuestro caso y nuestro problema, sino que lo ha resuelto"*.

Cuando hablamos de antesalas nos referimos a una cosa o circunstancia que precede a otra de mayor intencidad. De algo estoy seguro y es que todos hemos pasado momentos como estos. Son estos momentos donde se nos acaban las ideas, los recursos, llega la frustración y allí pensamos que Dios nos ha dejado solos o nos ha abandonado. Un detalle sobre estos momentos es que no todo el mundo puede entendernos aunque sí pueden apoyarnos, cosa que no es lo mismo.

Este pasaje cuando lo leemos, chocamos con la idea de dos preguntas que posiblemente nos hemos hecho todos; ¿para qué Jesús se encarnó? ¿por qué sufrió lo que sufrió? Las respuestas que podría darles a estas dos preguntas quizás sean unas muy sencillas, pero cuando profundizamos en ellas vemos que no lo son. La primera sería; por amor. Nos amó tanto que quiso hacerse uno como nosotros y esta fue la parte más difícil para él, *(Fil. 2)*. Allí Jesús tuvo que cambiar la eternidad por calendarios, por tiempos. Tuvo que aprender a vivir en lo finito cuando él habitaba en lo infinito. Es como si se le preguntara a un pez, ¿dónde está el agua? O a un pájaro ¿dónde está el aire? La segunda respuesta sería; por salvarnos. Esta segunda nos habla de un propósito eterno planeado desde la eternidad. Esto podemos evidenciarlo cuando Jesús está en la cruz, allí antes de morir dijo; *"Consumado es"* que no es otra cosa que *"terminé, está completado"* significa que solo alguien que ha planeado algo, puede decir, *"consumado es"*

Quisiera mencionar ahora estas cuatro etapas de Jesús mientras estaba en el Getsemaní, y lo que nos enseñarán a vivir nuestras antesalas de agonía. La primera etapa es; **"La agonía de Jesús"** Esta primera etapa nos invita y nos enseña a sociabilizar el dolor, es decir, a compartirlo. Para esto uno siempre busca un apoyo, una compañía para contar el dolor, donde en esa katarsis o desahogo, se liberan emociones. Es por ello que podemos ver cómo Jesús convierte la oración es una terapéutica, porque cuando hablamos, liberamos emociones y en ocasiones nos callamos cosas que terminan explotando y haciendo daño a otros y a nosotros mismos. Jesús enfrentaba su peor batalla, no fue en la cruz, no fue con ningún diablo, sino contra sí mismo. Lo que se dice del lugar es que fue uno especial para Jesús, posiblemente se lo prestaba alguna persona amiga o cercana, la cual él visitaba con frecuencia para orar al Padre.

Aquí el Getsemaní tiene el mismo significado que Jesús le tocaba vivir o estaba viviendo. Significa prensa de aceite, donde posiblemente se tomaban los olivos para que por medio de la presión, sacar el aceite, un ejemplo de esto son las máquinas antiguas de café. Literalmente Jesús fue molido como bien cita (*Isaías53:5*) *"Mas él herido fue por nuestras rebeliones, molido por nuestros pecados"* En este lugar se dice que la salvación de la humanidad estuvo en peligro porque Jesús no quería pasar por ella en su antesala de su agonía. En esta primera etapa Jesús nos enseña a aceptar lo que no podemos comprender y que por medio de descargas emocionales experimentemos liberación, esperanza, transformación y renovación. La segunda etapa de la su antesala es; ***"La soledad de Jesús"*** Esta segunda etapa nos habla de la singularidad del dolor, donde podemos ver a Jesús pidiéndole un último favor a sus discípulos de orar junto con él en su grande batalla. Lo triste es que en su peor batalla, lo dejaron solo porque se quedaron dormidos, v.40.

Aquí nos enseña Jesús que en ocasiones en nuestras antesalas tendremos que vivirlas solos, y debemos estar preparados para cuando lleguen. La tercera etapa se le llama la más delicada porque es; *"La toma de decisiones frente al dolor"* Aquí debía tomar la decisión más importante en el momento más doloroso. Quizás muchos no puedan tomar decisiones en momentos como este pero Jesús tenía que hacerlo. Aquí Jesús se identifica con nuestra vulnerabilidad, aquí es fácil tomar una mala desición ya que la presión puede empujarnos, pero allí Jesús optó por la voluntad del Padre y tomando la decisión más importante de la historia de la humanidad. Por último, la etapa de *"La aceptación del dolor"* El versículo 46 muestra que Jesús luego de terminar de orar dijo; *"la hora ha llegado"* de esta forma acepta la realidad de su vida y vence la su agonía. Esta última etapa nos enseña a no huir de los problemas, sino a enfrentarlos con valentía.

De esta forma termino diciendo que Jesús se convierte en nuestro sumo sacerdote porque no solo puede escucharnos y pedir al Padre por nosotros, sino que también puede entendernos y comprendernos porque vivió en vida cada una de nuestras batallas. De esta forma termino con el texto en Hebreos 4: 15- 16 donde dice que tenemos un sumo sacerdote que puede compaderce de nuestras debilidades.

¿Qué aprendimos?

_____

_____

_____

_____

_____

_____

_____

-No es lo mismo un guerrero que un guiador-

1 Samuel 16:11 RVR1960

"Entonces dijo Samuel a Isaí: ¿Son estos todos tus hijos? Y él respondió: <u>Queda aún el menor, que apacienta las ovejas. Y dijo Samuel a Isaí: Envía por él, porque no nos sentaremos a la mesa hasta que él venga aquí.</u>"

El guerrero es experto en batalla, el guiador es experto en el liderato, guiando a un grupo, ya sea de personas o un rebaño de ovejas. Para batallar se necesita una armadura, <u>para liderar se necesita amor por la gente</u>. Samuel pretendía ungir a uno de los hijos de Isaí porque su físico representaba un guerrero, pero su corazón no tenía liderazgo. Por eso Samuel los aprueba pero Dios no. Dios (necesitaba) a alguien que no solo fuera guerrero, sino que también fuera un guiador. <u>DAVID tenía las dos cualidades</u> porque mientras estaba en el campo, cuidaba, lideraba a las ovejas, fue pastor antes de ser guerrero. Lo cierto es que mientras fue pastor, cuidando de sus ovejas, debía guerrear, porque en ocasiones cuando venía el lobo o el oso, David peleaba con ellos. Como bien dije, para que alguien pueda ser un guiador o un líder debe tener amor, paciencia, templanza, porque si bregar con las ovejas que no tienen sentido de dirección, imagínese tener que bregar con distintas personas, distintos pensamientos, caracteres, costumbres, etc.

David, pudo vencer a Goliat, no porque fuese el mejor guerrero, sino porque tenía el corazón correcto. Para poder vencer cualquier batalla, se debe tener un corazón como el de David. El detalle es que nuestros ojos sólo ven el exterior, es por eso que debemos dejarnos dirigir por lo que diga Dios y no por lo que el hombre diga. **Samuel aprendió esta lección cuando tiene que ungir como rey al menos indicado ante sus ojos.** Cuando Dios te escoge es porque sabe el potencial que tienes, de hecho en ocasiones Dios tiene más fe en ti, que tu mismo. Jesús después de resucitar buscó a Pedro para preguntarle si estaba dispuesto apacentar, a ser líder cuando el se fuera. Pero Pedro pensando en la culpa, en lo que había hecho, quizás no comprendía la pregunta de Jesús cuando le dijo: "Pedro, ¿me amas?". Aquí vemos lo mismo, un líder que amaba con un corazón sincero, por ello estaba siendo escogido para ser líder.

Quizás muchos te han descalificado porque para ellos no cumples con los requisitos que se requiere para dicha tarea, pero Dios hoy te deja claro, que no importa que no cumplas con esos requisitos, si tienes un buen corazón, y amas la gente, estás preparado para ser un guiador, para ser un líder. A David se le conoce también como uno que traicionó a uno de sus guerrero, por ello lo descalifican, pero Dios le dio una segunda oportunidad porque su corazón fue sincero y pidió perdón, se arrepintió de su maldad y es lo mismo quiero que comprendas. Dios está dispuesto a darte una segunda oportunidad, cuando tengas un corazón correcto, un corazón humilde, un corazón dispuesto amar con amor incondicional. Jesús es nuestro rey, pero también es el mejor guiador. Él nos enseñó amar la gente como a nosotros mismos, nos enseñó que no existen barreras de racismo, nacionalidad, cultura, estatus económico, pobres y ricos, en Jesús todos somos iguales. <u>La base principal de un seguidor de Jesús debe ser amarle y amar al prójimo.</u> Si esto no te acompaña, todavía no podemos ser sus seguidores.

¿Qué aprendimos?

_____

_____

_____

_____

_____

_____

_____

-Síndrome de Jonás-

Jonás 4:2 (RVR1960)

"Y oró a Jehová y dijo: Ahora, oh Jehová, ¿no es esto lo que yo decía estando aún en mi tierra? Por eso me apresuré a huir a Tarsis; porque sabía yo que tú eres Dios clemente y piadoso, tardo en enojarte, y de grande misericordia, y que te arrepientes del mal."

Este texto y tema revela cómo está la generación actual. Dios le ha dado tanto a mucha gente, y hoy día, no quieren darle de eso a otros. Este es el síndrome de Jonás. Solo quieren ser salvos ellos, pero no practican amor con el prójimo, solo quieren ser bendecidos ellos pero no bendicen a otros. No olvidemos que Dios no tiene favoritos, todos valemos lo mismo ante sus ojos. Es triste tener que ver esta historia aunque a la vez es revelador lo que nos enseña el profeta. Lo triste es que estas expresiones de no querer dar a otros misericordia, amor, bondad, salvación, gracia, entre otras, viene de parte de un profeta de Dios enojado porque Dios tuvo misericordia de un pueblo gentil. Pero lo bueno y revelador que podemos ver de estas expresiones del profeta es que probablemente Jonás conocía bien la esencia del Dios a quien servía, pero no quería compartirlo con otros.

Pablo al convertirse en el apóstol de los gentiles, entendió algo que quizás Jonás lo conocía pero no entendió para que era. Hablo de la Gracia de Dios en nosotros, gracia que se nos fue dada para darla a otros, (Mateo 10:8). Pablo mencionó casi en todas sus epístolas esta gran verdad, sin olvidar que su población contenía judíos y gentiles.

- Romanos 16: 24 "La gracia de nuestro señor Jesús sea con todos vosotros"
- 1 Corintios 16: 23 "La gracia de señor Jesucristo esté con vosotros"
- 2 Corintios 8: 9 "Porque ya conocéis la gracia de nuestro señor Jesús, que por amor a vosotros se hizo pobre, siendo rico, para que vosotros con su pobreza fuéramos enriquecidos"
- Tito 2: 11 "Porque la gracia de Dios se ha manifestado para salvación a todos los hombres"

Muchos otros versículos comenzando sus cartas o terminándolas, siempre era recordándoles que su gracia era para todos, no solo para algunos. Pablo tuvo que entender esta gran revelación y darla a conocer ya que los judios sólo creían que ellos serían el pueblo único de recibir las bendiciones o la salvación de Dios. Por ellos Pablo en la carta de Romanos 3: 29 cita, *"¿Es Dios solamente Dios de los judíos? ¿No es también Dios de los gentiles? Ciertamente, también de los gentiles."* Jonás tenía la información correcta de Dios, pero no sabía cómo manejarla. Lo mismo nos sucede en ocasiones a nosotros cuando tenemos una información pero no sabemos materializarla. Es allí donde nuestra predicación pierde poder, porque no demuestro con mis hechos, lo que digo con palabras. Jonás muestra una característica que no debe haber en los creyentes y es el egoísmo. Esto puede ser un ataque mortal contra nosotros mismos, porque el egoísmo nos aleja de los demás, dejándonos solos porque el único que importa es uno mismo.

Esta es la parte donde la Biblia es maravillosa porque muestra no solo las virtudes de hombres que sirvieron a Dios, sino que también muestra sus debilidades, sus fallas, etc. Esto no solo lo vemos en Jonás, también lo vemos con cada uno de los personajes bíblicos, cada uno tiene una virtud que debemos imitar, pero también muestran las que no deberíamos imitar.

¿Qué aprendimos?

-Un regalo sin abrir-

Quisiera comenzar con una historia de la palabra **_GRACIA_**. Nace del griego y es **_Kharis_** o **_Jaris_** y no es un concepto creado del cristianismo, en la antigüedad los griegos practicaban gracia, y cuando hablamos de esto únicamente decimos que es un <u>regalo inmerecido</u>, pero también significa <u>favor</u>, <u>bendición</u> o <u>bondad</u>. ¿Qué tal <u>si abrimos ese regalo</u> para entender a profundidad lo que significa?. Los reyes practicaban este concepto y consistía en el premio o bendición, que un rey le daba a un soldado que ha sido héroe en una batalla. El rey sacaba una silla en su mesa, parecida a la de él y públicamente junto con la familia del rey y de todos, lo mandaba a subir a su silla sin tener título. Por veinte minutos o por un tiempo que el rey disponía, allí el soldado estaba gozando de una posición de privilegio igualado al rey.

En ese tiempo el rey compartía su vida, la historia de su familia, y de igual forma el soldado le contaba toda su vida al rey. <u>Se compartían intimidades</u>, se desarrollaba una comunicación mutua de dos vidas que se unían. Después de este tiempo el soldado bajaba con su silla y jamás bajaba de allí siendo el mismo porque había estado en presencia con el rey. Después de eso el soldado contaba a sus próximas generaciones que un día tuvo ese privilegio llamado Jaris, llamado *GRACIA*. Significa que compartir con el rey cambiaba la vida de los soldado. Esta práctica se cristianizó en el Nuevo Testamento, Pablo abrió ese regalo, y su significado fue ese, que Dios como el gran rey, comparte su vida con la humanidad perdida por medio de Jesucristo, teniendo ese gran privilegio de comunicación, de intimidad, de favor, de bendición y de bondad del cual jamás saldremos de la misma manera, *esto es GRACIA*.

Quisiera compartir diciendo algo que el pastor Jonathan Ocasio decía sobre esto que me impactó mucho. Esta palabra la vemos en casi todas las cartas de Pablo, de hecho él es quien la usa por primera vez y vemos cómo la explica constantemente. Sin embargo Jesús nunca la usó. **Cualquiera puede decir lo que quiera, pero lo que ignoran es que mientras <u>Jesús vino a mostrarnos la gracia, Pablo vino a explicarla</u>.** Ambas son importantes. Jesús vino a compartir su vida, y nosotros cuando le compartimos la nuestra, experimentamos *GRACIA*. Si el enfoque de la Gracia es este, la pregunta que quisiera dejarles es, *¿<u>estamos siendo transformados por esa gracia</u>*?

En los textos citados, vemos una carta de Pablo, donde revela esta gran verdad de que la salvación ha sido dada, ha sido regalada, ya que es un don de Dios.

Toda persona que me lee, estoy seguro que han recibido regalos que jamás esperaban. Ese regalo que no merecíamos exactamente pero cuando llegaba, entusiasmados abríamos ese regalo. Ya entendiendo el significado de *GRACIA,* Pablo al cristianizarla la toma y enseña que Dios nos ha regalado esa gracia, entendiendo que le hemos fallado constantemente a Dios, por esto es que se llama gracia, porque no es algo que podemos demandar o pedir, es algo que Dios nos da, nos regala, por su favor y su bendición. Así como ese rey premiaba a ese soldado, y le daba ese privilegio de poder hablar, comunicarse, compartir sus vidas e intimidades, así también Dios nos ha regalado lo más preciado que podríamos tener, a Jesús (Juan 3:16). El fin de ese *Jaris* (gracia) es el de ser transformados. Vemos que después de esa experiencia del soldado con el rey, jamás vuelve a ser el mismo. Esto precisamente es lo que produce recibir ese regalo, que cuando lo abrimos, nos transforma y comenzamos a ser diferentes. El verso diez de este mismo capítulo dos de Efesios confirma que, Dios ha preparado todo, nos ha dado el regalo de su Gracia, para que cuando abramos ese regalo vivamos haciendo cosas buenas, obrando en bien para con los demás.

El mundo ha recibido a Jesús, pero no todos en el mundo aceptaron el mensaje de Jesús, de modo que el regalo de Dios, fue entregado, el problema es que no todo el mundo quiere abrirlo. Pablo confirma esta gran verdad en la carta de Tito 3: 5- 7

"nos salvó, no por obras de justicia que nosotros hubiéramos hecho, sino por su misericordia, por el lavamiento de la regeneración y por la renovación en el Espíritu Santo, el cual derramó en nosotros abundantemente por Jesucristo nuestro Salvador, para que justificados por su gracia, viniésemos a ser herederos conforme a la esperanza de la vida eterna."

Para retomar la pregunta inicial, si estamos o no, siendo transformados por esa gracia, quisiera dejarles con tres puntos sobre el por qué muchos no son transformados.

1. Porque pensamos que no somos malos

Cuando pensamos que somos lo suficientemente buenos, la Gracia no puede actuar en nosotros porque precisamente Gracia no se regala porque alguien la merezca. Hasta que no reconozcamos la necesidad de Gracia y seamos maduros, no podremos recibirla. Pablo siendo apóstol, pudiendo decir muchas cosas de él, en 1Timoteo 1: 15 cita las siguientes palabras:

"Palabra fiel y digna de ser recibida por todos: que Cristo Jesús vino al mundo para salvar a los pecadores, de los cuales yo soy el primero."

Pablo jamás escondió su humanidad por una falsa religiosidad, precisamente reconocer nuestro pecado, nos hace apto para su Gracia.

2. Minimizar el efecto del pecado

Minimizar el pecado, es darle poca importancia a nuestra transformación. Ya que alargamos el problema y la Gracia no puede operar en una persona que no de indicios de necesitarla. Romanos 5: 12 no le hecha la culpa únicamente a Adán y a Eva, más bien, todos hemos pecado, no podemos negar esa realidad y mucho menos minimizarla, ya que de esta forma estamos diciendo que no necesitamos Gracia.

3. Ideas incorrectas

Aquí fallamos muchos, porque comenzamos a ver a Jesús de la forma incorrecta, comenzamos a tener ideas sobre el, que no existen y para esto debemos saber cómo es que Jesús nos ve. Juan 4 nos habla de una mujer pero de una samaritana, tomando agua en un pozo a horas tempranas para no ser vista por las demás ya que cargaba con un pasado y presente que no eran dignos de admirar. Se escondía por la burla, se escondía por el rechazo, pero vemos que Jesús pasa por allí para encontrarse con ella y enseñarle sobre esas ideas incorrectas que tenía. Esconderse no soluciona el problema del pecado, y que te hace esclavo. Jesús en la conversación que tuvo con ella le muestra todas estas ideas incorrectas y como fue libre al ser descubierta.

Jesús le sale con que sabía de su vida y de sus fracasos matrimoniales, y ella trató de evadir su pecado con una pregunta teológica sobre donde se debía adorar, si en Jerusalén o donde ellos adoraban. Jesús no evadió sus preguntas, y aún sabiendo su pecado no la condenó, más bien Jesús fue allí para darle Gracia.

Como primer punto y maravilloso es que ella pensaba que no merecía la Gracia, pero Jesús le enseñó que si. Jesús nos quiere dar Gracia, precisamente porque hay pecado, sobre abunda la Gracia. No existen tal pecado que la Gracia no sea capaz de alcanzar. Segundo punto, ella pensaba que Jesús estaba más interesado en su religión, que en ella misma. Por eso ella evade su realidad a su pregunta teológica, y esto sucede cuando Jesús quiere acercarse a nuestro corazón. Nos da miedo, pensar que alguien se acerque demasiado que pueda hacernos daño. Y tercer punto, ella pensaba que Jesús utilizaría su pecado para avergonzarla y por esto evade su necesidad de Gracia. Lo peor que te puede pasar es que te la pases corriendo de Dios, pensando que te quiere avergonzar, cuando realmente te está persiguiendo para darte libertad. Cuando ella comprende que tenía esas ideas incorrectas, fue a su vecindario y libremente comenzó a gritar, hubo un hombre que me dijo todo lo que yo hacía pero no me condenó, no me juzgó, más bien me dio Gracia.

¿Qué aprendimos?

_____

_____

_____

_____

_____

_____

-Jesús nuestro hermano mayor (nuestro Arjégós)-

En el principio Dios crea a la humanidad y la crea con su imagen, el propósito era que la imagen de Dios se reprodujera. Pero en Génesis 3 vemos la decisión del ser humano de querer tomar el control, de querer tomar su rienda y ser "como Dios". La decisión estaba cargada de desobediencia porque Dios le había prohibido comer de ese árbol y aunque fueron engañados por la serpiente, ardía en ellos el deseo de querer "ser como Dios" "saberlo todo". Allí la imagen de Dios se manchó, ahora su imagen y su esencia no podía reproducirse. Viendo el problema de que el hombre no podía volverse a Dios y no podía reproducir su imagen porque no existía un modelo, Dios se plació, Dios se mostró y vino a rescatarnos, vino a ser nuestro modelo.

Muchos amigos que quizás me lean o hasta incluso muchos hermanos en la fe, puede que su pasado lo haya marcado porque nunca tuvieron un modelo, quizás nuestro hermano mayor de sangre tampoco fue un buen ejemplo, y tomamos conductas que no eran las mejores.

No queremos culparlos por eso, al contrario, venimos de parte de Dios para decirles que ya existe un modelo. Y <u>ese modelo es Jesús, nuestro hermano mayor</u>. Marcos 3: 32- 35 (NTV) cita de la siguiente manera.

"Había una multitud sentada alrededor de Jesús, y alguien dijo: «Tu madre y tus hermanos están afuera y te llaman». Jesús respondió: «¿Quién es mi madre? ¿Quiénes son mis hermanos?». Entonces miró a los que estaban a su alrededor y dijo: «Miren, estos son mi madre y mis hermanos. Todo el que hace la voluntad de Dios es mi hermano y mi hermana y mi madre»."

Jesús es ese modelo que le hacía falta a la humanidad, ya podemos por medio de Jesús cargar con la imagen de Dios, el único problema es que ya teniendo la imagen muchos no quieren seguirla. Jesús termina ese pasaje diciendo que su familia son aquellos que hacen la voluntad del Padre, significa que todo el que modela a Jesús se convierte en su familia, y esta poderosa verdad combate la soledad. Porque ya no estamos solos, somos parte de una familia de fe porque seguimos a nuestro hermano mayor.

Nuestro Arjégós

Hebreos 2: 10- 12 (PDT) cuenta un pasaje hermoso el autor, presentándonos a Jesús como ese Arjégós, (pionero). La definición de esta palabra explicará con detalles cada una de las cosas dichas anteriormente. Comentario de William Barclay:

> "un arjégós es el que inicia algo con el fin de que otros puedan participar después. Inicia una familia en la que nacerán otros; una ciudad en la que residirán otros; una escuela filosófica en la que otros le seguirán en la búsqueda de la verdad y la paz que él mismo ha encontrado; es el autor de bendiciones en las que otros entrarán después. Un arjégós es el que abre un camino que otros van a seguir"

Cuenta la historia del barco que encalló en unas rocas. Alguien ha usado esta analogía, dice Barclay:

> "un barco ha encallado en unas rocas, y la única manera de rescatar a los pasajeros es ir nadando hasta la orilla con una soga para asegurarla y que otros puedan salvarse agarrándose a ella. El que tiene que nadar a la orilla, (el primero) es el arjégós de la salvación de los demás. Esto es lo que el autor de Hebreos quiere decir cuando llama a Jesús el arjégós de nuestra Salvación. Jesús ha abierto el camino hacia Dios que todos podemos seguir"

Hoy tenemos ese modelo que se convierte en familia que es mi arjégó porque también abrió paso para que yo caminara por el camino de salvación. Arriesgó su vida por mi, dio su vida por mi y yo no puedo quedarme de brazos cruzados, tengo que presentarles a otros mi Arjégós. Cristo se convierte en nuestro:

1. Modelo (por cuanto ahora podemos reproducir su imagen)

2. Hermano (para que sigamos su ejemplo)

3. Familia (para combatir con la soledad, ya que siendo nuestra familia de fe, nunca estamos solos)

4. Salvador (por cuanto dio su vida, se convierte en nuestro Arjégós)

Pablo seguía un modelo, y se atrevió a decir que fueran imitadores de él, porque el tenía un modelo que era CRISTO, (1 Corintios 11: 1).

¿Qué aprendimos?

_____

_____

_____

_____

_____

_____

_____

-Casa de Dios y puerta del cielo-

Génesis 28:16-17 RVR1960

"Y despertó Jacob de su sueño, y dijo: Ciertamente Jehová está en este lugar, y yo no lo sabía. Y tuvo miedo, y dijo: ¡Cuán terrible es este lugar! <u>No es otra cosa que casa de Dios, y puerta del cielo</u>."

Quiero comenzar diciendo que esta expresión de "casa de Dios" la primera vez que la vemos es en este pasaje. Esta expresión quizás la hemos escuchado miles de veces sin exagerar cuando predicamos en las calles, en hogares o en lugares fuera del templo. Pero veamos a **profundidad** que representa esta expresión y qué quiso decir Jacob y el autor cuando escribe. La Biblia por lo menos el Antiguo Testamento fue escrito su mayoría en Hebreo, con las varias traducciones a otros idiomas pues los traductores tratan de acercarse lo más que pueden a su sentido original. Pero esta expresión en hebreo es Betel, que traducida es casa de Dios, pero cuando vamos al pasaje vemos varios detalles que no podemos pasar por alto.

1. Desde un principio el deseo de Dios siempre fue habitar con su creación (Edén, Génesis 1, 2)
2. Para esto, debido al pecado nace el tabernáculo, donde la instrucción de crearlo de parte de Dios fue, que lo hicieran porque Dios quería <u>habitar</u> en el, (Éxodo 25: 8)

3. David tuvo deseo de hacerle casa a Dios, pero ese trabajo le fue encomendado a su hijo.

Dios entonces quiere habitar en medio de su pueblo porque si está, puede manifestarse. No es lo mismo habitar que manifestarse. Habitar es vivir o residir, manifestarse es darse a conocer, descubrirse. Para poder disfrutar de todo este pasaje veamos lo que está pasando en esta historia. Jacob huye de su hermano porque quiere matarlo por celos de que la bendición del Padre la toma Jacob, pero pese a toda esta situación se conocía la promesa dada por Dios a Abraham. Significa que Jacob pudiera estar pensando que Dios no estaba con él debido a su circunstancia.

Pero pasa algo increíble, y es que mientras huía se queda dormido en un lugar y allí tuvo un sueño. Quizás hemos pensado igual que Jacob en momentos difíciles, pensamos que Dios no está con nosotros porque si estuviera no pasaríamos por malos ratos. Pero allí Jacob sueña y ve ángeles que bajaban del cielo y subían, como señal de alguna conexión entre el cielo y la tierra. Cuando despertó del sueño se espantó, se asombró, porque lo que menos el pensaba era que Dios estuviera con él y allí Dios le mostró que estaba presente, (v.17). Esto nos enseña que no importa que tan fuerte sea la situación, la presencia de Dios está presente. Pero entonces vemos a Jacob que ante tal asombro, nombró aquel lugar, *betel* "casa de Dios". No significa esto que allí estuviese su casa, más bien lo llamó así porque la presencia estaba en el lugar. Hoy día la presencia no está en un lugar (aunque muchos siguen creyendo que es así) pero hoy día sabemos que su presencia está en todo lugar, (Sal. 139: 7). Hoy no existe un tabernáculo ni un lugar donde viva la presencia de Dios, porque ahora por el sacrificio de Jesús, esa presencia vive en nosotros, nosotros somos ese tabernáculo, nosotros somos ese templo **pero el problema es que nos hemos dedicado a ser templo y no ser esa puerta.**

El texto dice que como la presencia de Dios estaba allí le fue llamado al lugar *"casa de Dios y **puerta del cielo**"*. Ser puerta también es importante, y ¿Qué implica ser puerta? Implica que tenemos que ser ese templo que muchas personas quieran entrar, pero para entrar se debe entrar por la puerta. Jesús dijo en un momento *"yo soy la puerta"* (Juan 10: 9) y si Jesús es la puerta que quien entra es salvo, **nosotros no podemos obstaculizar la entrada.** Cuando la iglesia no abre las puertas, la gente no pueden ser sanadas, allí muchos terminan buscando otros lugares que les brinde lo que la iglesia no pudo, por tener sus puertas cerradas. Otros culpan a Dios porque la iglesia los rechazó y nosotros debemos caracterizarnos por ser la iglesia que abre puertas y no que las cierra. Jesús veía esta conducta en los fariseos y lo vemos en (Mateo 23: 13) *"Mas ¡ay de vosotros, escribas y fariseos, hipócritas! porque cerráis el reino de los cielos delante de los hombres; pues ni entráis vosotros, ni dejáis entrar a los que están* *entrando.*" Si ya somos casa de Dios, ocupémonos en ser la puerta que la gente necesita.

¿Qué aprendimos?

-Expresiones intimistas-
(Cuando estamos cerca)

2 Samuel 23:13-17 RVR1960

"Y tres de los treinta jefes descendieron y vinieron en tiempo de la siega a David en la cueva de Adulam; y el campamento de los filisteos estaba en el valle de Refaim. David entonces estaba en el lugar fuerte, y había en Belén una guarnición de los filisteos. <u>Y David dijo con vehemencia: ¡Quién me diera a beber del agua del pozo de Belén que está junto a la puerta.</u> Entonces los tres valientes irrumpieron por el campamento de los filisteos, y sacaron agua del pozo de Belén que estaba junto a la puerta; y tomaron, y la trajeron a David; mas él no la quiso beber, sino que la derramó para Jehová, diciendo: Lejos sea de mí, oh Jehová, que yo haga esto. ¿He de beber yo la sangre de los varones que fueron con peligro de su vida? Y no quiso beberla. Los tres valientes hicieron esto."

Muchos son los autores que hacen poesías intimistas y una fue la famosa independentista puertorriqueña que le llamó a su poesía su propio nombre, le llamó: "A Julia de Burgos". Esta poesía se la dedicaba a ella misma. Pero la Biblia también tiene mucho de estos poemas, poesías y expresiones intimistas, veamos algunos:

1. Salmos 42:5 RVR1960 "<u>¿Por qué te abates, oh alma mía,</u> Y te turbas dentro de mí? Espera en

Dios; porque aún he de alabarle, Salvación mía y Dios mío."

2. Salmos 23: 4 RVR1960 "Aunque ande en valle de sombra de muerte, No temeré mal alguno, porque tú estarás conmigo; Tu vara y tu cayado me infundirán aliento."

3. Salmo 103: 1- 2 RVR1960 "Bendice, alma mía, a Jehová, Y bendiga todo mi ser su santo nombre. Bendice, alma mía, a Jehová, Y no olvides ninguno de sus beneficios."

Estos y más ejemplos existen donde vemos poemas o expresiones intimistas, donde no es otra cosa que uno hablándose así mismo. En el pasaje principal que leímos vemos a David en la cueva que se le llamó Adulam, allí lejos de su casa, anhelaba beber de las aguas del pozo de Belén y estando en la cueva se habló así mismo, hizo una expresión initimista. David no le hablaba a nadie, más bien se hablaba así mismo. Vemos que el pasaje es maravilloso porque tres hombres que estaban cerca pudieron escuchar el deseo de David, el rey. Muchos discrepan sobre quienes fueron esos tres hombres, algunos según la continuidad del texto dicen que fueron los primeros tres mencionados en los versículos del 8 al 11. Lo cierto es que si fueron ellos o no, estos tres hombres hicieron lo indecible para satisfacer el deseo de David. Atravesaron el campo de los enemigos, ya sea con cautela o peleando con los que pudieran verlos y le trajeron el agua a David. Los beneficios de estar cerca del corazón del Padre es que podemos escuchar hasta su susurro, no tendrá que gritarnos, ni llamar nuestra atención. Para escuchar los susurros del Padre es necesario:

1. Intimidad
2. Tiempo

Dos elementos muy importantes que muchas veces faltan en nuestra vida cristiana, no porque nos falte tiempo, más bien porque no lo sacamos. La pregunta que podría hacerles es la siguiente: ¿Por qué son importante las expresiones intimistas? Su respuesta es fascinante, porque cuando hacemos expresiones intimistas, éstas nos invitan a reflexionar, a repensar, analizar para tomar mejores desiciones. Quiero que esta enseñanza quede grabada en tu corazón y para esto quiero ser enfático con estas palabras.

*"Nuestro Padre (Dios) tiene muchos anhelos, tiene grandes deseos, que únicamente nosotros podremos descubrir **cuando estemos cerca.** Muchos son los que dicen que no conocen su propósito en Dios, no saben para lo qué fueron escogidos, y esto puedo entenderlo de un recién convertido, pero uno que lleva mucho tiempo no es permitido, porque cuando uno pasa **tiempo** y tiene **intimidad** con su Padre, no cabe duda que nos muestra nuestro propósito o más bien, Dios lo deposita en nosotros por medio de dones. **Tu don te conecta con tu propósito,** significa que debes primero*

pasar <u>tiempo</u> y tener <u>intimidad</u> con el Padre, segundo debes <u>desarrollar el don</u> que te fue impartido, para que éstos den paso al propósito de Dios en tu vida"

Cuando comencé en los caminos del Señor, mi primera participación fue cantar con otro hermano que acababa de bautizarse conmigo, y en ese proceso de saber que haríamos esa noche, planeamos cantar, lo cierto es que al desconocer mi don, o en la búsqueda de él, al terminar de cantar me sentí súper frustrado porque no cumplieron con mis expectativas. Allí descubrí que no soy bueno cantando, no fue hasta tiempo después donde descubrí mi don, porque pasaba tiempo con mi Padre. Hoy día trabajo y lo desarrollo al máximo porque no solo voy cumpliendo con el susurro o la expresión intimista del Rey (Dios), sino que también de esta forma voy cumpliendo con mi propósito en él. La historia narrada en el texto bíblico nos enseña de tres hombres que tenían un don, un talento que les permitió conceder la expresión intimista del Rey David, lo mismo debemos hacer nosotros, dejar que nuestros dones nos conecten con el propósito de Dios y concedan su mayor deseo.

¿Qué aprendimos?

_____

_____

_____

_____

_____

-Mucho dependerá de ti-

Hechos 12: 7 (DHH)

"De pronto se presentó un ángel del Señor, y la cárcel se llenó de luz. El ángel tocó a Pedro en el costado, lo despertó, y le dijo: «¡Levántate en seguida!» Al instante, las cadenas cayeron de las manos de Pedro,"

Dios quiere hacer grandes cosas contigo que aún ni te imaginas, pero mucho de ello, dependerá de ti si quieres alcanzarlas. Primero debes ser sensible a su voz, luego debes dejarte dirigir. Si nos fijamos en el texto, podemos apreciar estas cosas mencionadas. Si Pedro no se levantaba posiblemente no se caían las cadenas. El ángel lo despierta para decirle "levántate" porque voy a sacarte esas cadenas, pero si Pedro se quedaba llorando o se negaba posiblemente la historia fuera otra. Ese levántate en la boca del ángel me pone a pensar en muchas otras cosas que hemos abandonado, que hemos dejado en otros, cuando el único responsable de ello somos nosotros mismos.

Un ejemplo es cuando hacemos a Dios responsable del trabajo que nos toca hacer a nosotros. Dios nos capacita en dones y talentos, pero somos nosotros quienes debemos desarrollarlo. Sucede cuando padecemos de una enfermedad que requiere de medicamentos, decimos no usarlos porque Dios nos sanará. Aquí yo no estoy diciendo que Dios no puede hacerlo, lo que más bien digo es que una parte de cuidarnos nos toca a nosotros y otra le toca a Dios. Lo mismo sucede cuando Dios llama a alguien pero esa persona decide no prepararse, más bien decide darle la responsabilidad suya al mismo Dios.

Podemos prepararnos para ser lo que sea, pero no podemos prepararnos para Dios y para ser más efectivo, si bien leímos desde el comienzo del libro, al principio les dije que la formación siempre existió en los círculos de fe, y era algo que los maestros o rabinos dedicaban su tiempo para enseñarles a las próximas generaciones. Significa que una persona que tenga un llamado de parte de Dios, debe no sólo hacerlo lo mejor posible para otros, si no también hacerlo lo mejor posible para Dios. Pedro fue un llamado qué pasó por el discipulado para luego dar discipulado a otros, pero para ello Jesús se encargó de prepararlo muy bien. No quiero malinterpretar el hecho de que hay que prepararse con la dependencia a Dios, porque precisamente el texto dice que Pedro escuchó la voz del ángel y le obedeció. Significa que podemos ver su dependencia en la obediencia, pero el obedecer va acompañado de una acción que dependerá de nosotros. Entonces, ¿queremos que Dios nos use? Preparémonos. Nuestras familias y nuestros amigos merecen lo mejor de nosotros, y ¿cuánto más Dios si lo hacemos para su gloria? El ángel tocó a Pedro para motivarlo a levantarse, hoy mientras lees estas palabras, Dios mismo te está tocando para motivarte a levantar, para motivarte a recuperar lo que has dejado en el olvido. Hay veces donde Dios está esperando por ti, y tu esperando por el. Dios siempre nos ayuda, nos persuade, nos motiva, nos da fuerzas para todo lo que necesitamos, pero es para que cumplamos con nuestra parte.

¿Qué aprendimos?

-Día de Reflexión-

Marcos 15: 43
(RVR60)

"José de Arimatea, miembro noble del concilio, que también esperaba el reino de Dios, vino y entró osadamenta a Pilato, y pidió el cuerpo de Jesús"

Normalmente usaría este mensaje para predicarlo o enseñarlo un sábado de gloria, conocido tradicionalmente como ese fin de semana de la pasión de Jesús. Si pudiéramos transportarnos por un momento al día de crucifixión, podemos apreciar la idea de esta enseñanza. Pensemos por un momento que es el segundo día después de la muerte de Jesús y aparece este personaje que es mencionado en los cuatro evangelios y en el mismo contexto de la pasión y muerte de Jesús. ¿Quién era José de Arimatea? Según (*Mateo 27:57*) era un hombre rico, según (*Marcos 15:43*) (*Lucas 23: 50*) era miembro ilustre del sanedrín y tenía un seculpro nuevo cavado en la roca, cerca del Gólgota, en Jerusalén. Adicional a esto, es sorprendente este detalle, ¡era discípulo de Jesús!, pero, como Nicodemo, lo mantenía en oculto por temor a las autoridades judías, (*Juan 19: 38*). Este día donde Jesús muere al caer el sol, comenzaba el día de reposo.

Entonces Jesús puede que haya muerto a eso de las tres de la tarde aproximadamente, y no era lícito que se preparara una sepultura en el día de reposo. Por eso dieron paso a la muerte de Jesús, apurándose le espetan una lanza por el costado, pero ya Jesús estaba muerto, ya él había entregado su espíritu. Ante este escenario vemos este hombre llamado José de Arimatea, pidiendo el cuerpo de Jesús arriesgándose a muchas cosas con esta petición. Ante la petición de José de Arimatea, le ceden el cuerpo de Jesús pero algo rápido debía hacer porque pronto se aproximaba el día de reposo, por lo que fue y compró unas sábanas y lo envolvió en ella, poniéndolo en el sepulcro e hizo rodar la piedra de la entrada. ¿Qué podemos aprender de este pasaje y de este hombre? En una cultura tan difícil como esa, donde no habían términos de clase media, donde solo habían ricos y pobres, un hombre debía proteger su trabajo para suplir la necesidad de su casa y más si habían mujeres a su cargo, ya sea su mamá o hermanas. Cualquiera podría juzgar a José por haber sido discípulo a escondidas pero al final de todo, se arriesgó hacer algo por Jesús, ¿saben que hizo por Jesús? Prestarle una tumba para darle una sepultura digna, de modo que gracias a este hombre, Jesús tuvo una tumba prestada.

La pregunta que resalta constantemente en este pasaje es la siguiente; ¿Qué hacemos para Jesús y por Jesús? Lee una y otra vez esta pregunta hasta que puedas contestarla. Cuando Pablo le escribe a su hijo espiritual Timoteo, sabiendo que podía llegar a desanimarse, le aconseja con las palabras que destacan lo que al final se atrevió hacer Jose de Arimatea, (*2 Timoteo 1: 7*) *"Porque no te he dado espíritu de cobardía sino de poder amor y dominio propio"* La palabra que quiero resaltar en esta reflexión, es precisamente esa, **valentía**. Quizás José no pudo hacer nada en la corte donde acusaron a Jesús, por muchas razones, pero lo cierto es que cuando reflexionó se atrevió, fue valiente en pedir el cuerpo de Jesús para darle una sepultura mientras resucitaba. Termino esta reflexión diciendo, que si aún no has hecho nada por Jesús, hoy es un buen día para hacerlo.

¿Qué aprendimos?

 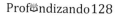

-Una respuesta con sabiduría-

La Biblia no esconde esta realidad de qué hay muchos filósofos y mucha filosofía en su época. Pablo le predica a filósofos. (De hecho cita frases de otros filósofos en la Biblia). Pablo reconoce que hay filosofía que quiere sacar a Dios del pensamiento. Pero ¿que es filosofía de forma sencilla?

<u>Filo</u> significa amor y <u>Sofía</u> significa conocimiento, sabiduría, verdad, o la razón. Significa que si unimos todo diría, "Amor al conocimiento, a la sabiduría a la verdad o a la razón". **Habrá gente que antes de creer en Jesús, quiere conocerlo, quiere evidencias, quiere pruebas contundentes**. Entonces ellos quieren conocer antes de creer y eso no es malo, todo sistema se rige de esa forma. Las teorías nacen para probar una verdad. Unos las creen, otros no. Comprendiendo todo lo dicho quisiera hablarles del mejor de los filósofos para este servidor, pero uno auténtico de verdad según lo dicho por los que vienen a referirse a Jesús. Estos pasajes cuentan la controversia sobre pagar o no los impuestos al César. Se puede disfrutar también la trampa que

quieren hacerle a Jesús con la pregunta que le hacen. *¿Es lícito dar tributo a César, o no?* La respuesta que haría Jesús iba a provocar una gran disputa. Si contestaba que si, estaría a favor de los herodianos que eran personas del gobierno de Herodes Antipas, los cuales estaban encargados de recaudar los impuestos para el Impero Romano.

Estas personas manifestaban una sumisión odiosa a los Judíos por lo que tenía roces, <u>no se llevaban</u>. Lo curioso de éste asunto es que siendo dos grupos que no se llevaban, fariseos y herodianos, en este momento se pusieron de acuerdo para hacerle una trampa a Jesús. Vemos entonces que si contestaba que no, era un rebelde del imperio pero se ponía a favor de los fariseos religiosos. Ya anteriormente Jesús había tenido un roce con los fariseos religiosos en los capítulos anteriores sobre el hombre de la mano seca (*Mateo 12:14*) entre otras ocasiones. <u>La respuesta de Jesús iba a colocarse a favor de uno y encontra de otro</u>. Es aquí, donde Jesús debe dar una <u>respuesta con sabiduría</u>. Es donde entonces Jesús responde a la pregunta con otra pregunta; *v.20-21, ¿De quién es esta imagen y su inscripción?* Al ellos contestar de César, él respondió *"Denle a César lo que es de César, y a Dios lo que es de Dios"* Cuando escucharon esta respuesta de Jesús, todos se maravillaron por su sabiduría. Por esto es importante que nosotros demos también respuestas con sabiduría.

Cuando hablamos de sabiduría debemos saber que ésta se desarrolla y se alcanza con la experiencia y como bien dice la Biblia, si la pedimos a Dios, él con gusto la dará, (*Santiago 1:5*) Sabiendo Jesús que su respuesta podría causar algunos conflicto, respondió sabiamente. A veces las experiencias de vida, nos empujaran a una encrucijada como esta, a tal grado que dependerá de nuestra respuestas para muchas cosas. Jesús una vez más nos invita a pensar antes de hablar, a ser pacientes antes de accionar, la reflexión en ocasiones es importante antes de hablar o responder. Para que otros no salgan perjudicados por lo que digamos, hoy nos invita Jesús a reflexionar antes de dar respuestas.

¿Qué aprendimos?

-Diferencias-

Filipenses 4: 2 (RVR60)

"Ruego a Evodia y a Síntique, que sean de un mismo sentir en el Señor"

Cuando estudié y desarrollé este tema, fue una gran bendidión para mi vida. De hecho puedo conservar aún la enseñanza cuando la prediqué en la iglesia. Cuando hablamos de diferencias, se define por la cualidad que permite que algo se distinga de otra cosa. También se conoce como oposición o controversia entre dos o más personas. Tomar una decisión entre dos personas no será nada fácil. Si pudiera darles un solo ejemplo sería este; *"cuando una pareja quiere ir a comer, pero ninguno se pone de acuerdo"* Quizás al pensarlo es jocoso, pero tener hambre y no ponerse de acuerdo sobre dónde se comerá, es cuesta arriba.

Lo cierto es que vivimos constantemente con diferencias, hasta los niños la manifiestan cuando quieren jugar con juguetes, o ver distintos muñequitos en un solo televisor. El que no acepte que ha tenido alguna diferencia con alguien, simplemente no ha vivido. Pero no podemos confundir lo que son las diferencias y lo que es la unidad. Cuando estudiamos la trinidad de Dios, Padre, Hijo y Espíritu Santo, podemos ver que aunque tienen funciones distintas, trabajan en UNIDAD.

Una vez leí de alguien que hablaba de un concepto que llamó mi atención, se llamaba *"El acuerdo en el desacuerdo"* Precisamente habla de trabajar en unidad aunque se tengan diferencias. Esto requiere mucha madurez para poder vivirlo. El mejor ejemplo son las personas que componen para lograr hacer una casa; todos colaboran, está el plomero, el arquitecto, el electricista, el constructor, entre otros. Aunque cada uno de ellos tiene una función diferente, tienen un fin común, hacer una casa. Lo mismo es la iglesia, nosotros debemos aprender de este principio tan importante. Pablo lo enseña cuando habla sobre el cuerpo de Cristo, (*Romanos 12:4-5*) (*1 Corintios 12*).

Volviendo a nuestro texto principal de Filipenses, vamos a poder apreciar ciertos puntos de lo que venimos hablando. Desde el capítulo uno de la carta podemos ver a Pablo exaltando el amor que manifiesta esta iglesia, (*1:9*) Pero junto con ese gran amor, Pablo resalta un detalle sumamente importante, y es que habían dos hermanitas que no se ponían de acuerdo y en la carta a la iglesia, tiene que dirigirse específicamente a este dilema. Un dato que quisiera resaltar que Barclay trabaja en sus comentarios, es que cuando la iglesia recibía una carta de un apóstol, ésta carta era leída en voz alta a la congregación. De modo que si hablaba de alguien, todos lo iban a saber. Para enfocar a estas dos hermanitas, sus nombres era; Evodia y Síntique. No sabemos mucho acerca de estas hermanitas, pero sí podemos apreciar los cálidos términos con el que Pablo se dirige a ellas. Fueron hermanitas que hicieron la misma labor que Pablo, que combatieron juntamente con Pablo en la obra misionera y evangelística pero con el detalle que tenían una <u>diferencia</u>. Quiero aclarar que Pablo no las llama carnales, ni herejes, ni nada parecido, las llama colaboradoras de la obra, otras versiones las llama hermanas en Cristo que le ayudaron a llevar la noticia de salvación. Otro detalle fundamental e importante es ver al apóstol rogando para que se pongan de acuerdo y delegando a un líder de la iglesia para que le diera seguimiento en el asunto.

Es de suma importancia apreciar el tesoro que nos brinda este pasaje, donde no solo vemos una iglesia que practicaba el amor, sino que vemos unas hermanas con una diferencia y al apóstol delegándole el asunto a otra persona. Solo las personas con verdadera humildad y responsabilidad, pueden darle a otros, trabajos que ellos saben que se le han salido de las manos. Esto es vital para el crecimiento de una iglesia madura y que usa sus recursos en los oficios correctos. ¿Qué enseñanza nos quiere dar el apóstol? Puede que tengamos diferencias pero estas diferencias no pueden dividirnos. El sistema nos ha tratado de enseñar que si algo no sale bien, lo mejor es la separación, pero la iglesia debe aprender a vivir en comunión pese a las diferencias que se pueden desarrollar y que vivirán entre nosotros. Termina Pablo con tremenda exhortación en el versículo cinco del mismo capítulo diciendo que nuestra <u>gentileza</u> sea conocida de todos los hombres, es decir, la iglesia tiene una responsabilidad de modelar a Jesús, de amarnos, de mostrar afecto, amabilidad etc, aunque tengamos diferencias. Alguien citó estas palabras y quiero terminar esta reflexión con ellas:

"La <u>diversidad</u> de pensamientos aumenta nuestra capacidad intelectual y <u>fortalece el propósito</u>"

¿Qué aprendimos?

-Un Dios innovador-

1 Reyes 19: 11- 13 (RVR60)

El le dijo: Sal fuera, y ponte en el monte delante de Jehová. Y he aquí Jehová que pasaba, y un grande y poderoso viento que rompía los montes, y quebraba las peñas delante de Jehová; <u>pero Jehová no estaba en el viento</u>. Y tras el viento un terremoto; <u>pero Jehová no estaba en el terremoto</u>. Y tras el terremoto un fuego; <u>pero Jehová no estaba en el fuego</u>. Y tras el fuego un silbo apacible y delicado. Y cuando lo oyó Elías, cubrió su rostro con su manto, y salió, y se puso a la puerta de la cueva. Y he aquí vino a él una voz, diciendo: ¿Qué haces aquí, Elías?

Cuando se habla de innovar, se habla de <u>formas</u>, de nuevas ideas, de nuevos métodos, de nuevos conceptos, <u>de algo diferente</u>. Si queremos ser útiles en Dios y queremos experimentar crecimientos en él, es necesario innovarnos, son necesarios los cambios. Un sinónimo de innovar, **es ser una persona creativa**. Veamos algunos ejemplos de formas, de cómo Dios es uno innovador.

· En (*Jeremías 27*) Dios llama al profeta a dar un mensaje difícil a un pueblo que nunca lo escucharía y como sabía eso, lo envía a llevar el mensaje de una forma distinta. Es donde Jeremías toma un yugo para predicarle al pueblo de que los enemigos en batalla los conquistarían.

· Las apariciones de Dios en el Antiguo Testamento conocida como *teofanía,* nunca fueron de la misma manera. De momento Dios se manifestaba por medio del fuego, del viento, del torbellino, del terremoto y en otras ocasiones por medio de apariciones de ángeles, de varones, entre otras.

· Jesús es un gran ejemplo de que nunca para enseñar se deben hacer las mismas cosas. Jesús fue un hombre que utilizó <u>formas</u> distintas en su enseñanza.

Dicho esto, me da paso para entrar de lleno al texto principal de *(1 Reyes 19).* Para Elías era normal experimentar a Dios por medio de estos elementos, porque ya anteriormente Dios se le había aparecido y ya los conocía. Pero esta vez Dios quería manifestarse de una <u>forma</u> distinta, una forma que el profeta no conocía. Este es el mayor reto para todos nosotros, nos espantan las cosas desconocidas, la muerte es algo que nos aterra por más que creemos en una esperanza después de ella, lo cierto es que lo desconocido crea en nosotros cierta incertidumbre. Un gran ejemplo que podría darles es el propio Jesús, cuando escuché esta enseñanza impactó tanto mi vida que jamás la olvidé y es la escena donde sale caminando por las aguas. En esta escena vemos que Pedro le dice a Jesús que si es él, que lo envíe por medio de su palabra, y cuando Jesús lo invita, Pedro caminó. Pedro experimentaba algo nuevo, algo que no conocía, quizás la barca la conocía, quizás remar le era familiar por ser pescador, pero ya la barca estaba hundiéndose y

Pedro optó por experimentar algo nuevo, algo nuevo que Jesús quería mostrarle. Lo cierto es que aunque Pedro caminó, cuando comenzaba a dudar, se comenzaba a hundir. Muchos juzgan a Pedro por dudar, pero fue el único que caminó, mientras que los demás no salieron de su zona de confort, no salieron de lo conocido a lo desconocido. <u>Sin embargo los que se quedaron en la barca se quedaron aferrados a algo que no servía.</u>

Lo mismo sucede con nosotros, nos aferramos a <u>cosas</u> y a <u>formas</u> que muchas veces ya no funcionan. Cuando pasa esto, limitamos a Dios encajonándolo en una forma o de una manera, **es allí cuando nuestra experiencia dicta la forma en cómo Dios debe de moverse, porque ya antes lo hemos visto así.** Una vez alguien dijo, que nos estamos perdiendo de tanto por estar acostumbrados a lo que conocemos. En el pasaje de Elías nos muestra el peligro de confiarnos después de una victoria. Elías después de haber tenido una gran victoria, tiene miedo de una amenaza de alguien que quería matarlo, es allí donde Elías se esconde en una cueva donde se conocía que Dios se revelaba. Lo mismo le pasó a David, cuando en vez de estar en la guerra, se queda en el palacio y ve una mujer prohibída y la toma siendo esposa de unos de sus mejores soldados. Elías estaba cansado, estaba sediendito, y en la cueva Dios alimentó a Elías y le dio de comer. Fue a encontrarse en la cueva con Dios, pero la experiencia que iba a tener era distinta a como él pensaba, era de una forma desconocida. ¿Qué aprendemos de este pasaje de Elías? Pues la misma pregunta que Dios le hace a Elías es la misma que nos hace a nosotros y de esta forma descubrimos la enseñanza.

· ¿Qué haces aquí? **La pregunta no es una de desconocimiento, es una pregunta retórica para comenzar un diálogo, de modo que Dios sabía pero quería escucharlo a él. Dios siempre buscará la forma de relacionarse con nosotros.**

Elías necesitaba una katarsis, las cuales son muy necesarias para dos cosas fundamentales:

1. **Liberar emociones** (desahogarse). Está mega confirmado que desahogarse, llorar y hablar siempre hace bien y nos libera de sentimientos oprimidos. Por eso es importante llorar si hay que hacerlo. La Biblia enseña en las bienaventuranzas de Jesús, que son bienaventurados los que lloran porque serán consolados. (Mat. 5)

2. **Para darnos fuerzas y poder continuar el camino que nos toca por delante.** Físicamente Elías estaba cansado y de tanta batalla quizás tenía sed y hambre. De modo que la cueva le hacía bien, lo curioso de todo es que allí Dios suplió las necesidades que tenía. No limitemos a

Dios, pensando que se manifestará a nuestra forma, **Dios es experto siendo uno innovador.**

Una reflexión que escuchaba de Aida Mota confirma esta gran verdad que quiero trasmitirles sobre el Dios innovador y es la historia del pasaje sobre Naamán. Podemos encontrar la historia en *(2 Reyes 5: 1- 15)* donde precisamente vemos que él tenía una necesidad y fue a donde el profeta con una perspectiva, con una idea, pensó que sería de una forma ya preconcebida y para su sorpresa no fue como lo pensó. Esto causó en él desepción y molestia, pero Dios trabajaba con su orgullo, porque lo enviaron a zambullirse en un lago no muy agradable para sanar su condición de lepra. Aunque al principio no quizo, no le quedó de otra y cuando lo hizo, fue curado de su lepra. Lo cierto es que Dios siempre hará las cosas como menos nosotros lo pensamos y no podemos cuestionar la forma de Dios, porque en ese proceso va transformando áreas en nuestra vida que necesitan ser atendidas. Antes de cuestionar, o enojarnos con Dios, no olvidemos que está haciendo de nosotros su mayor obra de arte.

¿Qué aprendimos?

-Dejar la posición-
(El mensaje de inmersión)

Filipenses 2: 5-8 (RVR60)

"Haya, pues, en vosotros este sentir que hubo también en Cristo Jesús, el cual, siendo en forma de Dios, no estimó el ser igual a Dios como cosa a que aferrarse, sino que se despojó a sí mismo, tomando forma de siervo, hecho semejante a los hombres; y estando en la condición de hombre, se humilló a sí mismo, haciéndose obediente hasta la muerte, y muerte de cruz"

Cuando escuché esta reflexión me dediqué a estudiarla y a editarla, añadiéndole cada detalle. De quien lo escuché fue de Lucas Leys, después estuve días que no podía sacarme de la cabeza esta tremenda enseñanza. La primera pregunta que quisiera hacer es; ¿Cuál es la invitación que nos hace el texto? Quizás cuando lean el tema será algo difícil de comprender a primera instancia pero a medida explique la enseñanza podremos entenderla. El texto nos está invitando a ser como Jesús, y nos muestra su carácter y su gran ejemplo. Podemos comenzar diciendo que para poder tener una iglesia saludable, debemos tener líderes saludables.

Para esto, el libro completo de Filipenses desde el capítulo uno nos enseña sobre la importancia de ser personas humildes, desprendidas en ayudar a otros con lo que tenemos. Esto fue exactamente lo que hizo la iglesia en filipos con Pablo. Tuvo tanto éxito en este lugar que los hermanos le enviaban a Pablo ayudas económicas. Fue allí donde no solo le ayudaban económicamente cuando podían, sino que también cuando Pablo fue y predicó a mujeres, una de ellas aceptó el mensaje de Pablo y le hospedó en su casa, sin olvidar que este tipo de gestos era muy importante en estos tiempos, ya que la pobreza era abundate y ayudar a un invitado era de gran estima, (*Hechos 16: 13-15*)

Dicho esto el texto de Filipenses muestra a Jesús dejando su posición para hacerse uno como nosotros, se vació de su deidad, de sus atributos divinos, para tomar forma humana, para depender de Dios Padre y de esta forma vencer y que por medio de él nosotros seamos justificados. Pero el texto que nos invita hacer lo mismo, es el versículo cinco. Resalta diciendo, *"haya pues en vosotros este mismo sentir que hubo en Cristo Jesús"* La acción de Jesús de querer ayudarnos, de querer estar cerca, y de pagar nuestra deuda, muestra un amor incondicional. De la misma manera nos invita a nosotros a tener esa actitud. Es impresionante esta invitación porque nos invita a dejar de pensar tanto en nosotros y pensar un poco más en los demás. En un mundo donde reina el individualismo, donde reina la codicia, la avaricia entre otras cosas, es importante que la iglesia tenga este mismo sentir de Jesús, que no se aferró a lo que era, o a lo que tenía, más bien decide dejarlo, decide dejar la posición para salvar la humanidad. Un líder que aún piense en sus capacidades, un líder que crea que es más grande que otros por estar en dicha posición **es un lider que debe dejar la posición**.

Escuché hace un tiempo un testimonio de una hermana en la fe, hija de pastora y de renombre en el ámbito de la música, donde contaba que cuando su ministerio estaba en la cúspide, cuando todas las puertas se abrían, fue allí donde ella quizo bajarse, dejar su posición para atender asuntos en su vida que requerían mucha atención e importancia. Este testimonio es un vivo ejemplo de que un líder con un corazón incorrecto puede hacer menos que más. En ocasiones algunos líderes permiten que la altivez los domine, y es allí donde es necesario dejar la

Romanos 12: 3 (RVR60)

"Digo, pues, por la gracia que me es dada, a cada cual que está entre vosotros, <u>que no tenga más alto concepto de sí que el que debe tener, sino que piense de sí con cordura,</u> conforme a la medida de fe que Dios repartió a cada uno"

posición. Con esta expresión no estoy diciendo que dejemos nuestras responsabilidades, tampoco que se deje el cargo que tenemos en la congregación, más que eso me refiero a dejar esas cosas que pueden hacernos daño y hacerle daño a otros. La gente vive adicta al prestigio, a presimir su posición y por ende la usan de la forma incorrecta. Muchos son los líderes que buscan que los jóvenes le conozcan, que el mundo le conozca, pero no toman ellos la iniciativa de conocerlos a ellos. Pretenden que ellos les escuchen en sus predicaciones o estudios, pero no los escuchan a ellos. En ocasiones es al inversa, tu los escuchas, y ellos a ti, tu los conoces y ellos a ti.

Una de las cosas que podemos aprender de los apóstoles del primer siglo es que cada uno cumplía con su deber y la iglesia seguía creciendo. En (*Hechos 6: 1-7*) nos cuenta precisamente la importancia de esto. Te invito a leerlos con detenimiento. Allí los discípulos tenían una labor de llevar el mensaje de Jesús, pero había una problemática sobre otro asunto igual de importante, el servicio a los demás. **Los apóstoles podían dedicarse a las dos, pero deciden delegar en otros, de allí en adelante podemos ver diferencias en las tareas bajo una misma misión.** Los apóstoles no se pusieron celosos, no se molestaron, no sintieron baja estima porque otros tenían autoridad, más bien delegaron en otros para ellos seguir con la tarea del mensaje. Pedro entendiendo esta realidad en su experiencia de fe, cito en (*1 Pedro 4:10*) *"cada uno según el don que ha recibido, minístrelo a otros, como buenos administradores de la multiforme gracia de Dios"* Si decimos entonces amar a Dios, cabe recordar que el segundo mandamiento es igual de importante, amar a tu prójimo como a ti mismo. Si tenemos que bajar de nuestra posición hagámoslo con humildad, reconociendo que lo importante no es una posición, es la gente a quién se lidera. Jesús no se aferró, no pensó en él unicamente, sino que pensó en otros.

Seguir este modelo o ejemplo que nos enseña el versículo principal, es un llamado también a la muerte, pero una muerte que termina en resurrección. Si entendiéramos que no se trata de nosotros, sino de todos, podríamos alinearnos más a su corazón y dejar nuestro orgullo. Jesús en la cena con sus discípulos le lavó los pies para darles una enseñanza de la importancia del servicio, de que no porque tenga un título significa que debemos creernos superiores a otros. Si queremos imitar a Jesús debemos seguir sus pisadas, y no dejar que la corriente individualista nos encierre, olvidando así la importancia de llegar a otros, de pensar en otros y dejar de creer que una posición dicte lo que somos en Dios. Esta enseñanza tiene como objetivo apelar a la humildad, dejar el orgullo, entender que una posición no determina quienes somos y que nuestro deber como creyente, nuestro sentir, debe ser como el de Jesús.

¿Qué aprendimos?

_____

_____

_____

_____

_____

_____

-Expectativas insatisfechas-

Mateo 14: 22 (RVR60)

"En seguida Jesús hizo a sus discípulos entrar en la barca e ir delante de él a la otra ribera, entre tanto que él despedía a la multitud"

En este capítulo podemos ver varios sucesos que los discípulos experimentaron, donde sus expectativas estaban muy altas, pero fueron bajando. Normalmente nosotros vivimos a diario lo mismo. Pensamos que las cosas serían de una forma, pero cuando vivimos ciertas experiencias, no son como lo esperábamos. Pues los discípulos también lo vivieron. Ellos esperaban un rey político y mesiánico, ese esperado del Antiguo Testamento que los liberará del abuso del Imperio. Posiblemente esperaban un hombre revolucionario en cuanto a guerra, fuerza, violencia, entre otros puntos como eran los Zelotes. **Significa que cuando Jesús entra en escena ellos tenían unas expectativas sobre Jesús.** Lo cierto es que sucedieron ciertas cosas antes de llegar a este versículo. Podemos narrar algunas de ellas.

Primero vemos en los versículos del uno al doce la muerte de Juan el Bautista donde asumen los discípulos que Jesús se molestaría para levantarse en contra del imperio por la muerte de su amigo. Pero lo cierto es que se quedó varios días en el lugar donde estaba. Después podemos apreciar que teniendo Jesús una multitud de gente, hace el milagro de los panes y los peces. Esto podemos verlo en los versículos del trece al veintiuno, donde Jesús hace este milagro para la multitud que le seguía, cuando los discípulos esperaban más atención sobre sus expectativas, el tenía compasión de una multitud que para colmo les pide que sean ellos quienes les den de comer. Ya en esta parte del capítulo catorce, vemos el texto inicial, donde primero las expectativas de los discípulos estaban en cien, pero fueron bajando poco a poco. Pero en esta escena bajaron quizás a cero, porque después de no hacer nada por la muerte de Juan el Bautista y no hacer nada por sus discípulos, de preocuparse por la multitud, ahora en esta parte vemos a Jesús dándole la espalda a sus discípulos para despedirlos a prisa en una barca y en un lugar donde se desataban tormentas.

Quisiera que se imaginaran por un momento a su maestro, a su Mesías esperado, a su Señor, a su mentor, a ese que habían seguido y de momento éste les da la espalda y los deje solos en una barca donde una tormenta se aproximaba. Si algo de expectativas tenían en este momento la perdieron toda. Quizás lo mismo nos ha sucedido, hemos tenido unas expectativas con mucha gente, ya sean amigos, familiares, conocidos, o hasta hermanos de la Iglesia, y es allí donde nos fallan, nos hieren y nuestras expectativas mueren. Porque asumimos que Jesús nos ha dado la espalda. Y no es así, Jesús les da la espalda y los despide en un mar de tormentas mientras se iba a parte a orar y posiblemente por ellos. Algunos argumentan que era para descansar un poco, lo cierto es que el texto dice que se fue a orar, mientras los discípulos estaban enfrentando una tormenta.

Varias cosas podemos notar y es que siempre es bueno tener una idea de cómo imaginamos que sucederían las cosas, pero más que esto debemos siempre optar por la voluntad de Dios, aunque no sea como la pensamos. Esto me hace recordar la historia de Naamán el sirio ya mencionada en otro capítulo. En (2 Reyes 5) Podemos ver su historia donde ya les había mencionado que este hombre tenía unas expectativas con el profeta Eliseo, porque pensaba que por ser poderoso iba a tener privilegios en el trato, lo cierto es que Eliseo lo envía a un lago de enfermos para que se zambulla allí siendo esto para él como una ofensa, ya que su orgullo no le permitía hacerlo. Termina todo con un hombre que aceptando la voluntad de Dios, fue sanado de igual forma. En ocasiones no sucederán las cosas como lo esperamos, pero no quiere decir que no sucederán. Por esto les invito a tener expectativas, pero jamás a creer que nuestros planes sean mejores que los de Dios. Siempre él tiene un pie adelante y sabe cuándo y cómo hacer las cosas para nuestro bien.

¿Qué aprendimos?

_____

_____

_____

_____

_____

_____

_____

–¿Qué representa la expresión "Senda Antigua"?–

Jeremías 6: 16 (RVR60)

"Así dijo Jehová; paraos en los caminos y mirad, y preguntad por las <u>sendas antiguas</u>, cuál sea el buen camino, y andad por él, y hallaréis descanso para vuestra alma. <u>Mas dijeron, No andaremos</u>"

Esta expresión es bien típica en nuestros círculos de fe, estoy completamente seguro que todos hemos escuchado éstas expresiones, y puedo asegurar que hasta una persona no creyente o no cristiano, en algún momento la ha escuchado. Pero; **¿se estará aplicando correctamente en nuestro tiempo este pasaje de la Biblia? ¿acaso la iglesia debe volver a una senda antigua?** Con estas preguntas quisiera comenzar llamando tu atención, haciendo un análisis sobre el mismo. Para esto permíteme hacer una pequeña investigación sobre lo que en el texto estaba pasando. Vayamos a su cultura y a su tiempo para poder entenderle y poder dar entonces una interpretación a nuestros días. Primero me gustaría definir lo que significa sendas, que no es otra cosa que un camino a seguir poco estrecho.

Si comenzamos desde el principio, Abraham cuando es llamado por Dios a salir de su lugar para comenzar a reunir al pueblo que posteriormente fueron judíos, lo llamó pero en el camino lo guiaba, no tenía un senda a seguir, tampoco tenía una literatura, o una Biblia que lo guiara. No es hasta Moisés que conocemos unas sendas, unas instrucciones, un camino, que no es otra cosa que la conocida "Ley de Moisés" o "Los diez mandamientos". Entonces los diez mandamientos se convierten en esa senda que el pueblo debía obedecer y caminar por ella. Sobre estos mandamientos que son la base, se le fueron añadiendo otros más, por ejemplo, sobre los pobres en *(Deuteronomio 15: 10)* sobre los esclavos y siervos en *(Éxodo 21: 2, 5 y 7)* sobre el prójimo en *(Levítico 19: 13 y 15)*.

Muchos otros mandó Dios a caminar por ellos y es aquí donde llegamos al profeta Jeremías. Primero debemos ubicarnos en la monarquía, donde reinaban reyes políticos, pero cuando en su gobierno se corrompían y los sacerdotes se contaminaban, **Dios siempre levantaba un profeta para denunciar lo malo del gobierno.** Entones nos ubicamos en tiempo y de antemano vemos a un pueblo que era gobernado por Dios, dirigido por Dios, aunque el mismo colocaba reyes, pero en esos gobiernos siempre se olvidaban de la ley y se olvidaban de caminar por ella. Es entonces donde Dios levanta a Jeremías siendo un joven, donde quizás nadie escucharía por ser inexperto, por ello él mismo dice que no sabe hablar porque aún es un niño *(Jeremías 1: 6)*. Al principio fue muy difícil para el profeta porque se burlaban de él ni lo escuchaban, quiso hasta rendirse. Pero retoma sus fuerzas en Dios para la tarea de su denuncia contra el pueblo. Comenzamos desde el versículo dos de este capítulo seis, donde presenta a Jerusalén como una mujer preocupada por su belleza, pero próxima a ser violada por el atacante. En el versículo siete muestra cómo la injusticia y robo se oye en ella, de modo que no se estaba considerando al prójimo como bien la ley lo exigía, se violaban los derechos, se oprimían a los más pobres, y de esta manera se iban **saliendo de la senda, de la ley**. Entonces todo el pueblo estaba corrupto los versículos once y trece muestran que ya el juicio o castigo vendrá sobre todo el pueblo, desde el más grande, hasta el más pequeño

Es evidente que esto es lo que produce el pecado, afecta siempre toda una sociedad. Podemos ver las características de este pueblo al que Jeremías por mandato de Dios le manda a volver a la senda:

- Un pueblo rebelde
- Un pueblo pecador (idólatra)
- Un pueblo corrupto
- Un pueblo que no ama la palabra de Dios
- Un pueblo que predicaba de paz, cuando lo que había era lo contrario por su abuso a las minorías
- Un pueblo que no se rehusó en volver al camino

Hoy día se pretende que toda la iglesia debe volver a la senda, pero la realidad es que no toda la iglesia vive de esta manera. Jesús dijo que era la puerta y que era el camino, o sea que era la senda, significa que la iglesia sigue a Jesús pese a sus multiples diferencias de dogmas y liturgias, pero ya la iglesia esta en la senda, **más que volver a la senda la iglesia debe avivarse.** Fue lo que le dijo Pablo a Timoteo, "Aviva el fuego, aviva el don" pero no debemos volver a una senda donde ya estamos.

Termina todo el pasaje de Jeremías diciendo que ese pueblo al que se llamó a volver a la senda antigua, **no quiso.** La iglesia no es ese pueblo, la iglesia lucha constantemente para modelar a Jesús, porque él es el camino a seguir. Con este análisis podemos ver las cosas diferentes cuando hacemos exégesis para luego darle una interpretación. El pueblo era rebelde y aún con el mensaje, no volvieron a Dios, a esa senda, pero nosotros seguimos luchando en ella y no debemos volver a ninguna senda, debemos avivarnos y trabajar el don que hemos recibido de parte de Dios. Podemos reflexionar y tener diferentes interpretaciones, pero lo que nunca cambiará es la investigación del texto, el cual es bien claro si se estudia con detenimiento.

¿Qué aprendimos?

-Consumado es-

Otra versión me gusta cómo lo dice y es la Traducción Lenguaje Actual. *"El probó el vinagre y dijo, todo está cumplido, luego inclinó su cabeza y murió"*. Es impresionante el tesoro que podemos sacar de un simple texto. Quiero comenzar diciendo que solo alguien que ha planeado algo de antemano puede decir; **"Consumado es o en palabras más claras, Todo está terminado"** Es Juan el que da a conocer esta expresión de Jesús, que posiblemente dicen que fue porque estuvo cerca en la cruz. La palabra para "Consumado" en el idioma que se escribe que es griego, es rica en definición. La palabra es *"Tetelestai"* la cual tiene la idea de un final, algo perfecto, algo acabado o cumplido.

El propio Jesús hace referencia a que el ha venido no abrogar la ley sino a cumplirla, *(Mateo 5: 17-18 RVR60)*. El autor de Apocalipsis recibe la revelación por medio de las palabra de Cristo cuando les dice: *"Yo soy el alfa y el omega, el primero y el ultimo, el principio y el fin"* *(Apocalipsis 1: 11, 21: 6 RVR60)*. Con esta expresión Jesús da cumplimiento a tres puntos teológicos muy importante que sepamos. Veamos cada uno de ellos y su explicación.

1. Cumplimiento Tipológico
2. Cumplimiento Profético
3. Cumplimiento Soteriológico

Veamos el primero. El cumplimiento tipológico tiene que ver con los tipos, y un tipo puede ser una persona, un evento, o una ceremonia que ilustra a una persona. Ejemplo; el arca de Noé, es un tipo de Cristo que representa **refugio** y **salvación.** La escena de Abraham con su hijo Isaac cuando iba a sacrificarlo, pero allí apareció el cordero, es una representación de Cristo y su obra en la cruz, es otro tipo. El último ejemplo que quiero darles son las partes del tabernáculo, tanto la puerta de la entrada, tanto el altar de sacrificio y el altar de incienso, el lugar santo y el lugar santísimo son tipos de Cristo.

Ahora veamos el segundo, el cumplimiento profético. Muchas profecías se cumplieron en el ministerio de Jesús y aún más el día de la crucifixión. Ejemplos; En *(Génesis 3:15 RVR60)* nos anticipan una victoria, esta que dio cumplimiento en las palabras, "Consumado es" El *(Salmo 22 RVR60)* Cita que le **horadarán** manos y pies. En *(Isaías 53 RVR60)* nos muestra también el siervo sufriente, que muchos

Horadar
Significa hacer un agujero de forma que atraviese una cosa de parte a parte

interpretan que se trata de Jesús. Significa que en el ministerio de Jesús no encontramos casualidades o coincidencias, sino un cumplimiento profético que se completa con las palabras; *"Consumado es"* En dos versículos anteriores en *(Juan 19: 28 RVR60)* cita el texto, *"para que se cumpliese la escritura"* Es decir, que la trayectoria del Calvario era un cumplimiento porfético.

Veamos por último el cumplimiento soteriológico. Cuando hablamos de soteriología, hablamos de la doctrina de la salvación, de hecho significa el estudio de la salvación. Precisamente la finalidad del propósito de Jesús era unir en él a Dios y a la raza humana y lo haría por medio de la muerte y muerte de cruz. Entonces cuando Jesús dice *"Consumado es"* y muere, el velo del templo dice la Biblia que se rasgó en dos, dando paso a la presencia de Dios que únicamente estaba detrás de esa cortina en la caja que llamaban *"arca del pacto"* Significa que ahora esa presencia ya no está escondida, ahora esta por nosotros y en nosotros. Para cualquiera que ve esta historia, puede suponer que termina en un fracaso, en una derrota histórica, pero podemos ver que no fue una derrota, fue más bien un plan trasado desde la eternidad y cumplido en aquel madero.

· **Consumado es,** no son palabras de un Cristo derrotado sino de uno que venció.

· **Consumado es,** son las palabras de un grito de victoria, es una meta alcanzada, es un fin realizado y un logro completado.

¿Qué aprendimos?

-Arraigados-

Colosenses 2: 6- 8 (RVR60)

"Por tanto, de la manera que habéis recibido al Señor Jesucristo, <u>andad</u> en él; <u>arraigados</u> y <u>sobreedificados</u> en él y <u>confirmados</u> en la fe, así como habéis sido enseñados, abundando en acciones de gracias. <u>Mirad</u> que nadie os engañe por medio de filosofías y huecas sutilezas, según las tradiciones de los hombres, conforme a los rudimentos del mundo y no según Cristo"

Arraigar significa echar raíces, hacerse firme por medio de las raíces, también significa establecerse en un lugar. En ocasiones Dios nos compara con árboles, Jesús mismo con la parábola de la vid, donde nosotros somos las ramas y él es el tronco, *(Juan 15: 5 RVR60)* El samista también en el *(Salmo 1: 3 RVR60)* nos compara con árboles que aunque están junto a corrientes de agua, dan frutos y sus hojas no caen. Podemos decir que cuando hablamos de "**arraigados**" no es otra cosa que hablar de **convicción**, pero para hablar de convicción, primero debemos hablar de **formación**. Convicción es la seguridad que se tiene de una verdad o certeza que se piensa. Hoy día esto está fuera de onda, ya que casi no exísten convicciones en la gente. Cualquiera viene y presenta algo y la gente o negocea sus convicciones o las vende. Por eso en este versículo el llamado es latente a tener convicciones de lo que creemos por fe. Pero para poder experimentar una verdadera convicción en Dios, que no se vacile por ideas nuevas o filosofías de vida, se necesita una formación.

En ocasiones a la fe no podremos darle una lógica, pero no porque no la tenga debemos dejar de tener fe, de hecho en ocasiones podemos probar nuestra fe, por medio de las Escrituras y por medio de la persona de Jesús, pero para poder tenerla, debemos conocer lo suficiente de él para no dejarnos engañar de cualquier cosa que venga. El texto nos da unas palabras claves para poder desarrollar convicción y estar "arraigados". Vamos empezar con cada una según el texto.

- **Andad**. Este palabra se usaba para referirse a la conducta y enseñanzas de Jesús. Pablo les aconseja que deben continuar las enseñanzas de Jesús y no tradiciones humanas o leyes que hagan esclavos a ellas. Andar en Jesús no es sinónimo de estar preso, por lo contrario, estar en él es estar en libertad. En Jesús no hay odio, no hay venganza, no hay maltrado, en Jesús no hay favoritos, todos somos parte, tanto hombres como mujeres, de modo que este primer punto, el apóstol nos aconseja a seguir en libertad. La base de esta libertad, se fundamenta en el amor. <u>En estos tiempos hay que ser valiente para amar a otros.</u>

- **Sobre-edificados.** Según su definición, tiene el sentido de construir encima de otro edificio. Quien nos enseña mejor sobre esto es Pablo, en *(1 Corintios 3: 10- 11 TLA)*

"Dios, por su bondad, me permitió actuar como si yo fuera el arquitecto de ese edificio. Y yo, como buen arquitecto, puse una base firme; les di la buena noticia de Jesucristo. Luego, otros construyeron sobre esa base. Pero cada uno debe tener cuidado de la manera en que construye, porque nadie puede poner una base distinta de la que ya está puesta, y esa base es Jesucristo"

· **Confirmados.** Cuando se habla de confirmados, se refiere a la veracidad o exactitud de una cosa y es triste saber que hay iglesia que no conocen lo que creen. Esta palabra nos invita a estudiar, a conocer, a entender lo que creemos de tal forma que sepamos defenderlo con argumentos contundentes. En la carta de *(1 Pedro 3: 15 RVR60)* donde cita de la siguiente manera:

"Sino santificad a Dios el Señor en vuestros corazones, y estad siempre preparados para presentar defensa con mansedumbre y reverencia ante todo el que nos demande razón de la esperanza que hay en vosotros"

· **Mirad.** Después de todo lo dicho hasta ahora, termina con la palabra "mirad". Cuando uno está convencido de lo que cree y tiene una relación saludable, entonces podemos identificar cuando alguien viene con nuevas sutilezas. Lo que se movía en este tiempo y quería alcanzar a los creyentes era un sincretismo religioso, donde tanto el cristianismo, fuera lo mismo que el politeísmo y todos adoraren juntos sin problemas, a esto Pablo llama filosofía y huecas sutilezas, vestida de religiosidad, magia y superstición. El peligro consistía en que tuvieran cuidado a no creer que necesitaban otra fuente adicional a Cristo o asu gracia, para ser completos o llenos. Con esto quisiera aclarar que la filosofía no es mala, Pablo no la condena, más bien aquel conocimiento que distorcionara el evangelio. Es interesante las palabras de uno de los primeros maestro de la iglesia después de los apóstoles, Clemente de Alejandría, el dijo:

*"Así como la ley le fue dada a los judíos, también la filosofía le fue dada a los griegos, para un mismo fin; **llevarnos a Jesús**"*

Termino diciendo que para estar completos no necesitamos otra fuente filosófica o una teoría inventada, y Pablo confirma esta verdad en *(Colosenses 2:10 RVR60)* donde confirma que nosotros estamos completos en Cristo. Este tema nos invita a ser creyentes responsables con lo que Dios nos ha dado y prepararnos al máximo para poder ser efectivos en nuestra misión.

¿Qué aprendimos?

-Cuando estancamos la Gracia de Dios-

Mateo 18: 21- 22 (RVR60)

"Entonces se le acercó Pedro y le dijo; Señor, ¿cuántas veces perdonaré a mi hermano que peque contra mi? ¿hasta siete? Jesús le dijo; No te digo hasta siete, sino hasta setenta veces siete"

Siendo la gracia un regalo de Dios, quiero comenzar preguntando si podemos recordar ese día donde alguien nos hizo algún regalo inesperado. Con esto quisiera contar un testimonio que escuché que impactó mi vida del pastor Jonathan Ocasio de la iglesia Mar Azul. Él cuenta que Dios le puso en su corazón regalarle un piano a una persona que tenía un hijo y ese hijo tenía su piano dañado. El problema del piano es que al pastor se lo habían regalado igualmente y era un regalo muy apreciado para él. De modo que le costó dar el piano, dar a otros el regalo que le dieron a él. De esta forma nosotros sin darnos cuenta estancamos la gracia de Dios. El autor del libro de Hebreos en la Biblia nos enseña este principio del reino que me parece hemos olvidado y es tan necesario.

(Hebreos 12: 15 DHH)
"Procuren que a nadie le falte la gracia de Dios, a fin de que ninguno sea como una planta de raíz amarga que hace daño y envenena a la gente"

Según el texto de Hebreos si alguien no recibe la gracia, es porque alguien la tiene estancada. El mejor ejemplo para hablar de este tema tan interesante es cuando hablamos del **perdón**. Mienras Jesús enseñaba, Pedro como de costumbre con sus impulsos, le hace una pregunta a Jesús; que cuántas veces debía perdonar a su hermano y Jesús aprovecha la pregunta para enseñarle sobre una gracia que no está estancada, más bien una gracia que fluye. **Es posible que por el dolor que otros causaron, pienses que ese dolor es más grande que la gracia que puedes dar.** Por ello Pedro le pregunta a Jesús con un limite de perdón según su persepción, aparentemente quería mostrarse muy "generoso" por decir "hasta siete veces" puesto que el numero siete hablaba de plenitud, <u>pero lo que no sabía Pedro era que estaba mostrando una gracia apunto de estancarse.</u> Pedro se parece en ocasiones a nuestros actos, porque le ponemos límites a la gracia de Dios. Decimos que no podemos perdonar porque ya lo hemos hecho antes, decimos que no volvemos amar, porque cuando lo hicimos nos traicionaron, de modo que no amamos a otros, y terminamos haciéndoles la misma pregunta a Jesús; ¿hasta cuándo debemos perdonar o soportar? De hecho a veces decimos, hasta aquí yo llego.

Mientras Pedro muestra una gracia estancada, Jesús muestra una gracia que fluye. Veamos la respuesta de Jesús, *"no te digo hasta siete, sino hasta setenta veces siete"*. Lo que Jesús le contesta no tiene que ver con los números de los días del año, más bien lo que le quiso decir fue que la gracia no se acaba, que la gracia no tiene límites. Entonces podremos preguntarnos; ¿cuándo se hace evidente su gracia en una persona? Pues se hace evidente cuando la otorga, cuando la da a otros. Como bien dice la Biblia, *"Dad por gracia, como también de gracia recibimos" (Mateo 10: 8 RVR60).* Es difícil pero si Dios nos ha regalado amor, regalemos atros amor, si Jesús nos regaló perdón, démosle a otros perdón, si Jesús nos regaló compasión, tengamos compasión con otros, de esta forma estamos colaborando con Dios, **para que su gracia no se ESTANQUE.** Termino esta enseñanza invitándote a leer los versículos del (23-27) de este mismo capítulo donde podrás apreciar una parábola que hace Jesús para terminar el tema del perdón y de la gracia que fluye. Solo diré que en la parábola una persona le perdonó una deuda que tenía a otro, pero ese que le perdonaron la deuda, fue después y le reclamó la deuda que otro le debía a él. De esta manera, mientras se le regaló gracia, ese hombre la estancó, porque no la continuó. El llamado es simple, **¡procura que a nadie le falte gracia!**

¿Qué aprendimos?

_____

_____

_____

_____

_____

_____

-Entiende tu (forma)-

Hechos 6: 2- 4 (TLA)

"Entonces los apóstoles llamaron a todos a una reunión y allí dijeron; Nuestro deber principal es anunciar el mensaje de Dios, <u>así que no está bien que nos dediquemos a repartir el dinero y la comida.</u> Elijan con cuidado a siete hombres, para que se encarguen de este trabajo. Tiene que ser personas en las que todos ustedes confíen, que hagan lo bueno y sean muy sabios, y que tengan el poder del Espíritu Santo. <u>Nosotros nos dedicaremos entonces a servir a Dios por medio de la oración y anunciar el mensaje de salvación"</u>

Cuando se habla de formas, como bien ya había tocado algo en otro capítulo, se habla de diferencias en cuanto a las funciones. Pero dichas funciones no por ser diferentes a otras significa que sean menos importantes o más importantes que otras. En el camino de Jesús, en su reino, ese que vivimos a diario, cada función es importante para el crecimiento de la obra, por lo cual todas son importantes. Esto es bien importante que se comprenda porque puede suceder que estemos haciendo cosas que quizás Dios no nos mandó hacer y puede que por eso no estemos viendo resultados en nuestro trabajo. En ocasiones querermos hacer todas las cosas olvidando que nosotros ya tenemos una forma, una tarea específica de parte de Dios. Muchos son los fracasos que vemos en nuestros círculos de fe, porque no entendemos nuestra forma. En *(Romanos 12: 4 RVR60)* claramente dice *"Porque de la manera que en un cuerpo tenemos muchos miembros, pero no todos los miembros tienen la misma función"*

Encontrar nuestra forma quizás sea la tarea más difícil para muchos. Les cuento que también lo viví. En mis comienzos no sabía para lo que quería ser o podía ser en Dios, pero con el pasar del tiempo, lo descubrí o Dios me lo mostró. La cosa no fue descubrirlo, eso es lo primero, más bien lo más importante después de saberlo es desarrollarlo y prepararte en él. Exísten tres puntos importantes que no podemos olvidar en esto:

1. Entender tu forma
2. Trabajarla, desarrollarla
3. Esperar la crítica

Esperar la crítica es también un proceso difícil porque los que no conocen tu propósito van a tender a juzgar o críticar porque no lo entienden, lo que debemos sería enfocarnos en Dios y en nuestra misión para que esto no nos desvíe del propósito. *(1 Pedro 4:10 TLA)* cita de la siguiente manera:

"Cada uno de ustedes ha recibido de Dios alguna capacidad especial. Úsela bien en el servicio a los demás"

Tu trabajo en la obra de Dios, no tiene que parecerse al de tu hermano, de hecho cada uno tendrá su propia tarea y distinta. En *(1 Corintios 12: 4- 8 RVR60)* muestra que hay **diversidad de dones, diversidad de ministerios** y **diversidades de operaciones,** pero todo con el mismo fin. En Hechos 6 que es el texto principal, ya tocado algo en otros capítulos, los encargados en la predicación no quisieron encargarse de otro trabajo que era también importante, ellos delegaron en otros ciertas tareas para ellos dedicarse a la predicación y la oración. Cualquiera hubiese podido tomar las dos cosas a su cargo, pero lo cierto es que algo dejaría sin cumplir o sin hacerlo bien. En este momento nació el don de servicio y tanto el don de servicio como el don de la predicación son fundamentales para el crecimiento de la obra.

Se necesita tener humildad para poder delegar en otros lo que no podemos hacer nosotros. **Este gesto de los Apóstoles nos enseña tanto y debemos aprender de ello, ya que hoy día muchos quieren ser protagonistas y en el peor de los casos muchos creen que por ser activistas, más unción o poder tienen.** Aprendámos a entender nuestra forma, a desarrollarla a esperar la crítica y a delegar en otros tareas que nosotros no podemos hacer.

¿Qué aprendimos?

–Jesús tiene una necesidad–

Juan 19: 28 (RVR60)

"Después de esto sabiendo Jesús que ya todo estaba consumado, dijo, para que la Escritura se cumpliese: Tengo Sed"

Estas palabras de Jesús son las más cortas que dijo mientras estuvo en la cruz. En los idiomas griego y latín son una sola palabra, en en español son dos; *"Tengo Sed"*. Esta sed física de Jesús muestra una gran verdad que ha sido debatida por mucho tiempo a nivel histórico, y es sobre el Jesús hombre. Existe un concepto que se estudia sobre su persona llamado ***"Kenosis"*** el cual significa el vaciamiento de su divinidad para venir a ser uno como nosotros. *(Filipenses 2: 5- 8 RVR60)*. Esta sed de Jesús implica que sufrió como hombre, de modo que no utilizó su deidad para manipular su sufrimiento. Al Juan evidenciar esta expresión de Jesús, muestra la defensa del Jesús histórico o del Jesús humano, aunque otras corrientes o creencias, afirmaban que Jesús no era Dios ya que no podía mezclarse lo divino con lo material. Decían que no podía mezclarse con lo divino porque una era mala y la otra pura.

Entonces volviendo a la necesidad que tenía Jesús, me gustaría enfatizar algo que sucede en esta escena según la óptica de Mateo 27: 48- 49 (TLA) que dice que alguien **fue corriendo** a darle de tomar mientras que los demás le decían, déjalo. Mientras Mateo lo resalta de esta manera, Juan dice que uno de ellos empapando una esponja de vinagre y se la acercaron a la boca. **Un dato es que la bebida dada por Jesús no era mala del todo, era más bien como un calmante para el dolor, cosa que Jesús no quiso tomar porque quería padecer hasta el último dolor en la cruz por nosotros.** Sea cual sea el orden correcto de lo que allí sucedió, lo cierto es que Jesús tenía una necesidad y alguien salió corriendo para tratar de suplirle su necesidad. ¿Qué nos enseña esta sed de Jesús?

Número uno, nos enseña que también Jesús pasó por todo lo que nosotros pasamos y así puede **entendernos** y **comprendernos**. **Número dos**, esa expresión carga en sí misma con una **acción** de parte de quien la oye. Significa que nos invita al **servicio**. Si hubo un mensaje contundente en el ministerio de Jesús fue precisamente el servicio. Un gran ejemplo donde podemos verlo es en *(Mateo 25: 35- 40 RVR60)* donde dice que se separaran don grupos, unos para juicio y otros para ser justificados, y a esos justificados podrán gozar de esa gracia porque cuando vieron a tal Rey (hablando de él mismo) necesitado, le suplieron, que cuando tuvo sed, le dieron de beber, que cuando tuvo hambre, le dieron comida, que cuando estuvo enfermo le visitaron y que cuando no tuvo hogar, le dieron hospedaje. Ante esta gran enseñanza que daba Jesús, el texto resalta que le preguntaron que cuándo le vieron así, y Jesús contestó;

"*cuando le servían a otras personas, a él le servían.* **Es aquí donde el mensaje se materializa, cuando lo llevamos a la práctica.**

En la última cena, Jesús no solo les predicaba, sino que también en esa cena les lavó los pies como símbolo de servicio. Al principio Pedro se niega porque acción de lavar los pies era una que solo tenían los esclavos, pero Jesús nos muestra que la mayor bendición que puede tener una persona es poder servirle a su prójimo. Jesús tiene una necesidad y grita "TENGO SED", **ese grito nos empuja a servir a otros y hacerlo sin esperar nada a cambio.**

¿Qué aprendimos?

-Magnificat-

Lucas 1: 46-47 (RVR60)

*"Entonces María dijo;
Engrandece mi alma al
Señor, Y mi espíritu se
regocija en Dios mi
<u>Salvador</u>"*

Toda esta enseñanza precede al llamado que le hace Dios a través de un ángel a María. Esta palabra de origen latín quizás no suene muy conocida para muchos, pero para otros es una conocida y de grandes profundidades. La palabra está relacionada con el cántico de una mujer en la Biblia, y no de cualquier mujer, sino que hablamos de la madre de Jesús; María. El significado de Magnificat como bien les dije de origen latín, quiere decir; *"mi alma exalta al Señor"*. <u>Adicional a esto este cántico refleja o evidencia un alto conocimiento de la poesía y del Antiguo Testamento.</u> Se cree que su estructura es parecida al cántico de Ana en *(1 Samuel 2: 1- 10)*

También nos recuerda a los salmos. **Stanley Jone dice que el Magnificat es el documento más revolucionario del mundo y subdivide en tres partes.**

1. Revolución moral.
2. Revolución social.
3. Revolución económica.

Comenzando por la revolución moral, está nos enseña de cómo Dios dispersa a los arrogantes. El evangelio es la muerte del orgullo. Cuando chocamos con la cruz, está se vuelve espejo y podemos mirarnos por dentro, y de esta forma comienza esa revolución moral que yo le llamaría transformación.

La revolución social es aquella que posiciona a los humildes de corazón por encima de los que se creen más grandes que otros. Aquí es donde las categorías sociales desaparecen, donde nadie es mayor que otro por una posición.

La revolución económica es aquella que muestra cómo Dios alimenta a los hambrientos y despacha a los ricos con manos vacías. Es decir, podemos ver cómo Dios está interesado en la igualdad, donde no solo se beneficien los ricos, sino también los pobres. Por ello la sociedad cristiana es aquella que no querría tener demasiado si otros tienen demasiado poco, es aquella que necesita tener solo para dar y bendecir al que no tiene. Todo esto nos muestra el cántico de María. Adicional a que también muestra varios puntos teológicos que debemos considerar:

1. En el v. 47 dice que se regocija en Dios, su salvador. Aquí María comienza alabando, exaltando a Dios por para resaltar la idea de que ella también necesitaba un salvador y lo encuentra en Jesús. Lamentablemente muchos son los que

han venerado o adorado a María como la salvadora o la intercesora cosa que la Biblia aclara que el único que intercede a la diestra de Dios Padre es Cristo. De modo que hoy día se ha distorsionado la figura de María pero lo cierto es que debemos aprender de su carácter y valentía. Ella misma reconoce su bajeza, su condición y se llama así misma sierva, v.48.

2. En el v.49 resalta dos atributos de Dios muy predicados en nuestros círculos de fe. El primero es poderoso, el segundo es santo. La idea de que ella tuviese un hijo en su virginidad le da peso a este versículo resaltándole como un Dios poderoso, pero a la misma vez q un Dios santo que está separado, que carga con santidad. Este concepto se ha distorsionado de igual forma refiriéndose únicamente a lo exterior, cuando la santidad es más que eso.

3. Por el último el v. 50 resalta a ese Dios poderoso y santo como uno misericordioso. La misericordia es precisamente lo que identifica a Dios, ya que, si solo actuara por su santidad, ninguno de nosotros sería apto, dado a esto, que reconoce que somos **polvo**, **débiles** y **vulnerables**, dice que es **misericordioso**. Alguien dijo una vez, que la misericordia es aquello que en ocasiones no merecemos, pero Dios la brinda, por ello el salmista decía; "porque mejor es tu misericordia que la vida" *(Salmo 63:3 RVR60)*

Este Magnificat, es el cántico de una mujer, plasmadas en los papiros y pergaminos de su época y hoy día en páginas para recordarnos que Dios dignificó a las mujeres, y que, de un cántico de una, hoy se predica en miles de iglesia en el mundo. La historia debía recordarse que, debido a una mujer, el Salvador del mundo dejó su gloria para venir y encarnarse. Lo maravilloso de esto, es que pudiendo hacerlo de otras formas, decide escoger a una mujer, tras esa elección esta mujer canta a su Dios y de esta forma le recuerda al mundo, no importa en qué generación, que tanto ella como nosotros, **necesitábamos de un Salvador.**

¿Qué aprendimos?

Mi Testimonio

Como bien citaba mi madre en el prólogo, fui presentado al Señor a la edad de diez años aprox. Tras un momento difícil, yo y mi hermana no pudimos crecer junto a ella. No fue hasta la edad de 18 años, donde recuerdo como ahora, estaba en la cancha de baloncesto, como era costumbre, pasar un sábado a las 12 del medio día en la cancha para luego ir a casa bañarme y volver a jugar casi a la noche. Pero ese sábado algo pasó en la cancha que el baloncesto no podía llenar y era ese gran vacío que muchos sienten. Ese vacío que en ocasiones la gente lo trata de llenar de muchas cosas pero sigue vigente. Recuerdo que llame a mi primo Luis Miguel, que iba antes a una iglesia y le pedí que fuera conmigo el próximo día que era Domingo.

Una de la cosas que le decía a mi primo era que no quería que nadie me invitara al frente, lo que era el altar, pero ya Dios venía trabajando conmigo desde el día anterior. De modo que cuando el pastor hace el llamado para aceptar a Jesús como salvador, sin darme cuenta yo estaba parado en el altar, temblando con un deseo inmenso de aceptar el llamado. Allí comenzó mi historia con Jesús, hasta el día de hoy. El deseo por aprender de Jesús, de estudiar las Escrituras, son las características que me definen hoy día como persona creyente. Antes un casi desector escolar, hoy día por su gracia inmerecedora, estoy apunto de graduarme aspirando a ser profesor de Biblia en educación cristiana. En altas y bajas he podido experimentar un Dios personal, un Dios que me guía, un Dios que quiere hacerme mejor cada día, no solo en el ámbito espiritual, sino que quiere que seamos, mejores hijos, mejores padres, mejores hermanos, mejores abuelos, en fin, mejores personas. Esta es la invitación que también te quiere hacer a ti, ese Jesús que no quiere hacerte nada malo, por el contrario, quiere hacerte bien.

Jesús me enseñó el camino, cambió mi rumbo, muchos amigos son testigo de esta realidad, y pueden ver algo diferente, pueden ver a un Jesús encarnado en mi vida, tanto que podemos reunirnos y es indispensable no hablar de él cuando estamos juntos. De esta forma les invito a conocer a Jesús más **profundo** de lo que la gente dice, para ello debes experimentarlo tu mismo. Si tienes que investigar, te aconsejo que comiences leyendo sobre su vida y no existe mejor documento que los Evangelios. Mateo, Marcos, Lucas y Juan.

Oración Final

Quiero dar por terminado este libro con una oración que bendiga tu vida, pero quiero que la hagas conmigo. Comencemos …

"Maravilloso Jesús, quiero darte gracias por todo lo aprendido, quiero darte gracias por todo lo que nos has dado. Te pido que cada palabra y cada enseñanza pueda ser usada para bendición de otros, pueda ser recordada en momentos oportunos y podamos meditar en ellas. Te pido que me ayudes en mi proceso de vida, no a cambiar todo lo que me rodea, sino a cambiarme a mi, que pueda ser yo transformado para ayudarle a otros a ese proceso de transformación también. Quiero que ese espíritu que está detrás de cada palabra que leemos en tus enseñanzas sea lo que nos guie a ser mejores esposos y esposas, mejores hijos e hijas, mejores amigos y compañeros, ya que el fin no es únicamente que seamos salvos, sino que seamos transformados. Pero para eso te necesitamos a ti, para que nos ayudes en los momentos más vulnerables de nuestra vida, allí donde ya las fuerzas se agotan y pensamos que no hay salida, allí queremos que siempre nos socorras, en el Nombre de Jesús, Amén"

Bibliografía

Leys, L. (2017). Liderazgo Generacional. Dallas, Texas.

Bonilla, Y. (2005). Descubriendo el misterio del texto Bíblico. Ecuador: Editorial CLAI.

C. Kenner.La Biblia en su contexto. Editorial @preparadelcamino.

Valentín, J. (2014). El corazón de Dios de la letra a la vida. Puerto Rico.

Bonilla, Y. (2020). La miseria de la existencia humana.

Lecturas bíblicas latinoamericanas y caribeñas. (2005). Ribla, 131.

López, E. (2003). Para que comprendiesen las Escrituras. Introducción a los métodos exégeticos.

Martínez, J. M. (1984). Hemenéutica Bíblica . Barcelona: Editorial CLIE.

Croatto, J. S. (1994). Hermenéutica Bíblica. Argentina.

González, J. (2010). Diccionario Teológico. España : Editorial Clie.

Armstrong, H. (2002). Bases para la Educación Cristiana. Texas: Casa Bautista de Publicaciones.

Soto, Á. M. (2020). Mujeres en el Pastorado. Colombia.

Barclay, W. (s.f.). Comentario Bíblico.

C. René Padilla, M. A. (2020). Comentario Bíblico Contemporáneo. Editorial Lampara, Kairos, Certeza Unida, .

Lebar, L. E. (2009). Educación que es Cristiana . Miami: Editorial Patmos.

Pagán, S. (2007). Comentario de los Salmos . E.U: Editorial

Lecturas bíblicas latinoamericanas y caribeñas. (2005). Ribla, pag. 131.

Silva, K. (1998). Las siete palabras. España: Editorial Clie.

Yusto, A. L. (2015). Compendio Historia y Filosofía de la Educación. Publicaciones Puertorriqueñas.

http://www.estudiosclasicos.org/wp-content/uploads/Seminario-origen-de-la-escritura.jpg

https://alc-noticias.net/es/2014/10/20/las-mujeres-en-la-reforma-protestante-del-siglo-xvi/

https://www.cultura.gob.ar/por-que-se-celebra-el-dia-internacional-de-la-mujer_5494/#:~:text=El%20tema%20central%20fue%20el,en%20la%20huelga%20de%201908.

https://www.nytimes.com/es/2020/11/07/espanol/kamala-harris-vicepresidenta.html

https://www.pinterest.com/pin/380132024796544313/

Made in the USA
Middletown, DE
16 October 2021